AF201277

sonntags gepredigt

Wolfgang Wiedenmann

Bibliografische Information der Deutschen Nationalbibliothek:
Die Deutsche Nationalbibliothek verzeichnet diese Publikation in
der Deutschen Nationalbibliografie; detaillierte bibliografische
Daten sind im Internet über http://dnb.dnb.de abrufbar.

Umschlaggestaltung + Layout: Birgit Wiedenmann-Naujoks
Umschlagbild: Kirchenfenster der Auferstehungskirche in
Hamburg-Lurup, Foto: Edmund Schellin

Herstellung und Verlag: BoD – Books on Demand, Norderstedt

ISBN: 9783748167976

Inhalt

Vorwort

Predigen am Sonntag im Gottesdienst war ein Teil meiner Arbeit als Gemeindepfarrer. Hinterher wurde ich gelegentlich um eine schriftliche Fassung gebeten, die ich meist noch am Sonntag anfertigte. Alle folgenden Predigten sind solche Schriftfassungen „von hinterher", in Erinnerung an das Gesagte. Die mündliche Rede scheint oft noch durch, ich habe nur wenig geglättet.

Bibeltexte sind die Grundlage. Predigten wollen die uns fremd gewordenen biblischen Worte und Bilder durchsichtig und lebendig werden lassen für unser heutiges Leben. Alle Zeitalter erfuhren ihre Bibel immer wieder als hochaktuell. Sie ist ein Teil unserer Kultur, heute vielfach vergessen. Der Theologe Dietrich Bonhoeffer berichtete von sich, auch er selbst habe von Zeit zu Zeit die Bibel gänzlich liegen gelassen, sei aber später immer wieder hungrig zu ihr zurückgekehrt. Vielleicht bekommen auch wir einmal wieder Hunger auf unsere Heilige Schrift?

Ohne freundliche Beratung, Ermutigung und technische Hilfe von Birgit Wiedenmann-Naujoks wäre dies Buch nicht entstanden. Ihr danke ich herzlich.

Wolfgang Wiedenmann

Der Feigenbaum
Zum Bußtag 1977 und (aktualisiert) 2018

Lukas 13, 1-9:
Zu dieser Zeit kamen einige Leute und berichteten Jesus von den Galiläern, deren Blut Pilatus mit ihren Opfern vermischt hatte. Und Jesus sagte zu ihnen: Meint ihr, dass diese Galiläer schwerer gesündigt haben als alle anderen Galiläer, weil sie das erlitten haben? Ich sage euch: Nein; sondern wenn ihr nicht umkehrt, werdet ihr alle auch so umkommen. Oder meint ihr, dass die achtzehn, auf die der Turm von Siloah fiel und sie erschlug, schuldiger gewesen sind als alle anderen Menschen, die in Jerusalem wohnen? Ich sage euch: Nein; sondern wenn ihr nicht umkehrt, werdet ihr alle auch so umkommen.

Er sagte ihnen aber dies Gleichnis: Es hatte jemand einen Feigenbaum, der war in seinem Weinberg gepflanzt, und er suchte Frucht daran und fand keine. Da sagte er zu dem Weingärtner: Siehe, ich komme nun schon drei Jahre und suche Frucht an diesem Feigenbaum und finde keine. So haue ihn ab! Was nimmt er dem Boden die Kraft? Er aber antwortete ihm: Herr, lass ihn dies Jahr noch stehen; ich will um ihn herum die Erde umgraben und düngen; vielleicht bringt er dann Frucht; wenn aber nicht, kannst du ihn abhauen.

Liebe Gemeinde,

in Galiläa, im Norden Israels lebten auf dem Land meist arme Leute, vor allem diejenigen, von denen die Großgrundbesitzer alles bis zum Existenzminimum nahmen. Sprichwörtlich waren das daher oft auch aufsässige, widerborstige Leute, immer gut für einen

Provokationsakt oder einen Anschlag. Im reichen Jerusalem hatte man sich eher arrangiert mit der römischen Oberherrschaft. Nun hatte in Galiläa die Besatzungsmacht mit dem Überfall auf einen Opfergottesdienst ein Exempel statuiert. Es entsteht ein Sprichwort des Schreckens: „Pilatus hat das Blut der Galiläer (der Gottesdienstteilnehmer) mit dem Blut ihrer Opfertiere vermischt". Dies Schlagwort geht wie ein Lauffeuer durchs Land. Genau das dürfte auch der politische Zweck dieser Aktion gewesen sein: Schrecken sollte sie verbreiten - lateinisch Terror. Angst soll den Aufsässigen gemacht werden.

Leute kommen zu Jesus und berichten ihm, zitternd vor Unruhe, Angst und Empörung. Was kann Jesus nun sagen? Nicht allgemein, sondern was hieß denn nun sein so oft genanntes „Reich Gottes" in dieser schlimmen Lage? Jesus bringt den blutigen Überfall der Besatzungsmacht zunächst in einen etwas überraschenden Zusammenhang. Da war doch auch dieses Unglück beim Bau des Turms, einer Wasserleitung am Siloah-Teich. Wo dieser Turm oder die Wasserleitung über dem Tal zusammenbrach und 18 Menschen erschlug. Eine ganz unpolitische Sache, ein Unglück, ein Arbeitsunfall. Oder wurde am Bau gepfuscht? Wir wissen es nicht. Aber dies offenbar so unpolitische Ereignis, dieser Unglücksfall gehört für Jesus zusammen mit dem hochpolitischen Überfall auf einen Gottesdienst in Galiläa. Wie kann das zusammengehören?

Wir greifen in den Textzusammenhang: Unmittelbar vor unserem Text hatte Jesus an Vernunft und Einsicht appelliert:

Wenn ihr eine Wolke aufsteigen seht vom Westen her, so sagt ihr gleich: Es gibt Regen. Und es geschieht so. Und wenn der Südwind weht, so sagt ihr: Es wird heiß werden. Und es geschieht so. Ihr Heuchler, über das Aussehen von Erde und Himmel könnt ihr urteilen, über diese Zeit aber angeblich nicht ?

Also um Vernunft und Urteilsfähigkeit geht es Jesus – Menschen haben diese Möglichkeit, sagt er. Wendet sie also an! Ist es euch nicht klar? Wenn Ihr weiter so unvernünftig gegen die Römer aufsteht, kommt ihr auch so um. Wenn ihr weiter unvernünftig baut und unvorsichtig seid, kommt ihr auch so um. Wenn ihr euch nicht ändert, dann kommt ihr alle auch so um. Wenn ihr euch nicht um Einsicht bemüht und die richtigen Folgerungen zieht, - so wie bei der Regenwolke und beim Südwind - dann kommt ihr alle auch so um. So wie die, die es nun getroffen hat. Diese Ereignisse gehen jeden an, jeden einzeln und alle zusammen. Die da umgekommen sind, sind nicht etwa „schuldiger" als ihr oder wir anderen. Buße tun, umkehren: Gar nichts besonders Religiöses, um Einsicht und Vernunft geht es !

Ich versuche, das für uns nachzuvollziehen.
Also darf es nicht heißen: „Da hab ich doch nichts mit zu tun, das betrifft meinen Lebenskreis nicht, das ist ein Unglück, ist doch ganz woanders passiert." Oder auch nicht: „Das ist politischer Terror, ich bin unpolitisch" - falsch, sagt Jesus.
Oder auch: „Mein Gott, was für ein Unglück." Oh, sensationell - dann kommt auch noch die Neugier dazu, „wie war das denn genau? Oh schrecklich" - falsch, sagt Jesus.
Und falsch ist hier auch das „Gott sei Dank! Mich hat's

ja nicht getroffen." Und dann wird schnell verdrängt, vergessen und weitergelebt - bis zum nächsten Ereignis - falsch, sagt Jesus.

Und eben auch nicht so: „Womit mögen denn die, die es da jetzt getroffen hat, das verdient haben. Also sicher hat das doch seinen Grund!" Oder gar: „Die haben doch selber schuld! Wer sich in Gefahr begibt, kommt drin um. Recht geschieht ihnen" - falsch, sagt Jesus.

Oder auch die auch nur allzu bekannte religiöse Variante, die sich dann seltsam umdreht: „Wie kann Gott das zulassen, was für eine Ungerechtigkeit!" Und dann: „Solch einen Gott kann ich nicht glauben" - auch falsch.

Jesus spricht hier nun doch auch noch von Sünde. Es ist Sünde, den tieferen Zusammenhang nicht erkennen zu wollen, in dem wir stecken. Es ist Sünde, die Einsicht zu verweigern, um die es hier geht. Denn wir sind auch so wie jene, die es so schlimm getroffen hat. Wir sind auch Opfer von Unglück und Verursacher von Unglück ganz vieler Art. Nicht weniger schuld, nicht besser vor Gott, wenn es uns bisher nicht so schlimm getroffen hat. Hier geht es nicht nur um Mitleid mit den Betroffenen, sondern um die Solidarität der Sünder. Um die Solidarität der Sünder, ja. Wir sind wie sie, die es betroffen hat, und um unser Umdenken, unsere Umkehr, unsere Buße geht es. Also heißt es auch, das ist möglich, das ist angeboten, diese Umkehr ist ein befreiendes Angebot !

Vielleicht ist dies für manchen überraschend: Dass Sünde mit verweigerter Einsicht, mit fehlender Vernunft und fehlenden rationalen Folgerungen zu tun hat. Ja, es ist manchmal nicht ganz leicht, das so zu sehen und es ist manchmal schwer zu akzeptieren. Wenn wir uns aber dieser Einsicht verschließen, und das heißt dann, dass wir Zweigleisige bleiben, also hier vielleicht gute Christen und dort zugleich verschreckte, empörte, entsetzte und selbstgerechte mehr oder weniger gute Bürger, dann droht uns die Gefahr, auf die eine oder andere Weise auch so umzukommen. Schwierig, ja. Aber ich glaube, dass dies die richtige, die grundsätzlich richtige Auslegung dieses Predigttextes ist. Aber das ist zunächst ja noch abstrakt. Wie kommen wir da weiter? Was könnte denn *uns* Jesus heutzutage damit sagen.

Ich will nur mit einem kurzen Beispiel versuchen, zu berichten, wo diese Einsicht mich angestoßen hat.
Dazu muss ich gar nicht weit ausholen: Wir sind erschrocken über Nachrichten von Dürrekatastrophen, von Regengüssen, die Lawinen verursachen, die dann Dörfer und ganze Stadtteile verschütten und untergehen lassen. Entsetzen packt uns, wenn vom möglichen Ansteigen des Wasserspiegels der Ozeane die Rede ist, weil Gletscher aufschmelzen und zu Meerwasser werden, so dass bald Inseln im Pazifik versinken werden, vielleicht eines Tages auch unsere tiefliegenden Marschgebiete und Hafenstädte. Ja, ich rede vom leidigen Klimawandel, der mindestens zu einem guten Teil menschengemacht ist. Ein überreiches Regen-Frühjahr und ein rekordheißer Dürresommer rückt uns diesen Wandel jetzt auf einmal ganz nah auf die Haut – die einen sind getroffen von Ernteausfall, da ist unsere Ernährung plötzlich im Spiel! - aber die anderen genießen einen tollen Touristensommer an den heimischen Meeresstränden. Beides unverbunden nebeneinander, so wie es in den Fernsehnachrichten einfach nebeneinander, durcheinander berichtet wird.

Aber wieder andere streiten den Anteil des Menschen an der Veränderung des Klimas und der Zunahme von CO_2 in der Atmosphäre überhaupt ab. Hier sind Interessen im Spiel, die sich ungerührt austoben. Ist es so schwer zu sehen, was Sünde, Buße, Umkehr hier konkret heißen kann ?

Es gilt etwas zu sehen und einzusehen, das doch gar nicht besonders geheimnisvoll ist. Es gilt zu entdecken, dass wir *nicht* wie das Kaninchen vor der Schlange erstarren müssen, oder wie der Vogel Strauß den Kopf in den Sand stecken müssen. Es *gibt* Möglichkeiten, etwas zu tun. Denn was an diesem Wandel unserer Lebenswelt menschengemacht ist, das kann auch von Menschen noch verhindert werden. Zu einem Teil ist der Klimawandel *kein* unveränderliches Schicksal. Da kann immer noch viel verhindert und vermindert werden, immer noch. Es geht darum, dass hier eine andere Phantasie, eine andere Kreativität entwickelt wird. Weiterdenken und Aktiv-werden ist notwendig, jeder für sich, aber dann auch in Gemeinschaft, vielleicht in größeren Zusammenhängen. Aber Weiterdenken und Handeln, Buße und Umkehr ist in jedem Falle nötig. Und darauf kommt es jetzt vor allem an: Das ist *möglich*, es ist uns angeboten !

Was hindert uns daran? Es gibt immer noch mächtige wirtschaftliche Interessen, die verhindern wollen, dass wir unser Leben ändern. An die kommt man als Einzelner kaum heran. Aber der Widerstand fängt ja viel früher an: Wenn ich an mich selbst denke in diesem Zusammenhang, dann finde ich bei mir ein seltsames inneres Widerstreben vor, eine feindliche Schwere, die sich so gar nicht gern bewegt: Trägheit, Gewohnheit, vermeintliche Überanstrengung – wie immer man das nennen mag. Ich denke, das geht nicht nur mir so. Sünde fängt bei jedem von uns an - hier nun ganz konkret. Kurt Götz hat einmal gesagt: Die Sünde, die man begeht, und bereut, und wieder begeht und wieder bereut, die ist wie ein Hund, den man straft und streichelt und wieder straft und streichelt. Er wird immer treuer.

Doch bei Jesus heißt es: Wenn ihr nicht Buße tut, wenn ihr euch nicht ändert, dann werdet ihr auch alle so umkommen. *Wenn* ihr nicht Buße tut - ist das Weltverbesserei? Menschenverbesserei? Leerer Idealismus? Es bleibt doch letztlich alles so wie es ist, die Welt war doch immer so, die Menschen waren immer so, und das wird auch so bleiben. Genau hier sitzt sie, diese Art von sogenannt realistischer Einstellung, *das* ist unsere Sünde. Dies Resignieren. Und wenn wir uns nicht tätig und tatsächlich ändern, dann kann es ja wirklich so werden, dass wir oder unsere Kinder und Kindeskinder deshalb umkommen, weil wir da nicht gegengehalten haben, dass wir da nicht aktiv geworden sind. Die Liebe Gottes in Jesus Christus geht bis in die Verhältnisse hinein, unter denen wir leben und bis in unsere innerliche Resignation hinein - und sie will uns da herausholen.

> *Es hatte einer einen Feigenbaum, der war gepflanzt in seinem Weinberg. Und er kam und suchte Frucht darauf und fand sie nicht. Da sprach er zu dem Weingärtner: Siehe, ich bin nun drei Jahre lang alle Jahre gekommen und habe Frucht gesucht auf diesem Feigenbaum und finde sie nicht. Haue ihn ab! Was hindert er das Land! Der aber antwortete und sprach zu ihm Herr, lass ihn noch dies Jahr, bis dass ich um ihn grabe und bedünge ihn, ob er doch noch wollte Frucht bringen; wo nicht, so haue ihn ab,*

Der Feigenbaum, das sind wir, jeder Einzelne von uns und alle zusammen. Und: Wir haben noch Zeit. Aber auch: Es ist Zeit.

AMEN.

...der Größte?

Auferstehungskirche Hamburg-Lurup, 11.12.1977

> Matthäus 18, 1-3:
> *Einmal traten die Jünger zu Jesus und fragten: Wer ist eigentlich der Größte im Himmelreich? Jesus rief ein Kind zu sich, stellte es mitten unter sie und sprach: Wahrlich, ich sage euch: Wenn ihr nicht umkehrt und werdet wie die Kinder, werdet ihr nicht ins Himmelreich kommen.*

Liebe Gemeinde,

immer wieder geht es in den Geschichten um Jesus um das Gottesreich. Seine Jünger kennen diese Botschaft, zu Jesus wollen sie gehören, der sagt, das Reich Gottes kommt, es ist schon da, es ist mitten unter euch. Also so wie wir in der Kirche, die wir ja auch zu Jesus gehören wollen. Und da kommt nun diese erstaunliche Frage auf, wer ist der Größte - im Reich Gottes, im Himmelreich. Wirklich erstaunlich?

Also ich finde das gar nicht sehr erstaunlich, ich kenne so etwas. Man will sich doch absichern für die Zukunft: Zurückgesetzt werden, das tut weh. Und dann tut man was dagegen. Das fängt schon früh an: „Ich bin der Größte", ein beliebtes Kinderspiel. Der Kleinere steigt dann auf einen Stuhl, und nun ist er der Größte. In der Schule gibt es Rangordnungen, die offizielle nach Zeugnisnoten und die inoffizielle, sehr viel wirksamere nach Kraft und Bizeps. „Ich bin stärker als der." Oder nach Kleidungsmodell und Charme. „Ich bin schöner." Konkurrenz ist befriedigend für die einen, schmerzhaft für die anderen. Im berühmten „unteren Drittel" einer Leistungsskala zu leben, das bedeutet Leiden. Bei Jugendlichen ist es der lautere Feuerstuhl, oder der attraktivere Verehrer. Und später dann die bessere Stelle, das höhere Gehalt, die guten Aufstiegschancen und das Gegenteil: Unglück und Unterliegen. Ich vermute, wir sind alle doch sehr angewiesen darauf, wenigstens in irgendeinem Sinn, an irgendeiner Stelle „der Größte" oder doch wenigstens insgeheim ein Großer zu sein.

Aber das nun auch im Jüngerkreis, in der ersten christlichen Gemeinschaft, die es gegeben hat? Was heißt *das* denn? Ach, ich denke, das heißt nur, diese lieben Menschen damals haben die selben Erfahrungen und Schwierigkeiten mit Groß und Klein, Stärker und Schwächer, das gleiche Leiden am Unterdrücktsein und das Streben stärker zu sein und aufzusteigen, wie wir auch. Die Jünger sind wie wir. Und ganz so wie sie eben sind, geht es ihnen nun um das Gottesreich. Sie sind ja Jünger Jesu, sie wollen ins Gottesreich hinein, es soll mitten unter ihnen sein, dahin wollen sie, da wollen sie bleiben. Und so fragen sie ihre Frage – aber nun doch nicht so: Wie kann ich Jünger sein, wie erlange ich das Gottesreich? Wie kann ich da mitmachen? Sondern sie fragen, wer ist da der Größte. Sie übertragen also, was sie sonst vom Leben kennen, auf das Gottesreich. Vor allem: Sie setzen offenbar voraus, wir sind da schon drin, nun kommt es noch auf die Rangordnung an.

Jesu Antwort ist hart und genau: Wenn ihr nicht umkehrt und werdet wie die Kinder, so kommt Ihr gar nicht ins Gottesreich. Noch schockierender: Jesus stellt ein Kind unter sie, ein unmündiges, unvernünftiges Kind, das soll ihr Vorbild sein, ein Vorbild für sie Erwachsene. Das arme Kind weiß sicher gar nicht, was da mit ihm geschieht. Jesus will seinen Leuten drastisch klar machen: Merkt ihr gar nicht, wie schief ihr mit

Eurer Frage liegt? Ihr habt offenbar noch gar nichts begriffen. Mit Gottes Reich hat eine Rangordnung doch überhaupt nichts zu tun! Und Rangordnung nichts mit dem Gottesreich. Wie Kinder sollt ihr werden, sonst kommt ihr gar nicht erst hinein! Eine für viele damals sicher schier unmögliche Aussage.

Werden wie die Kinder – ich finde das auch schwierig. Wer Kinder kennt, weiß doch, dass die gar nicht so rein sind, gar nicht immer lieb und naiv, sie können raffiniert und grausam, boshaft, raschsüchtig und lügenhaft sein. Auch Kinder können wilde Rangstreitigkeiten ausfechten. Darin unterscheiden sie sich also nicht von uns Erwachsenen. Man nur: woher sie das wohl haben? Also was kann Jesus da meinen, werden wie die Kinder?

Vielleicht kommt man dem näher, wenn man sich einen Moment ans eigene Kindsein erinnert. Ich glaube, es gibt da etwas ganz grundlegend Anderes bei Kindern als bei uns Erwachsenen: Kinder können noch mehr vertrauen. Wenn sie nicht schon früh schlimme Erfahrungen machen mussten, sind sie jedenfalls eher dazu bereit als wir Erwachsenen. Vielleicht weil sie noch heiler sind? Vielleicht vor allem, weil sie auf Vertrauen mehr angewiesen sind als wir Erwachsenen. Aber sind wir sogenannte Erwachsene das eigentlich nicht? Oder verbergen wir das nur, haben es verschütten lassen, um nicht gefährdet zu werden? Aber das bricht doch in jeder Lebenskrise wieder hervor, als Schmerz, zum Beispiel, wenn ein Mensch einen betrügt oder verletzt. Werden wie die Kinder – könnte das also heißen, Schwäche zugeben lernen, Sehnsucht und Schmerz anmelden lernen? Auf die „Stärke" der Resignation verzichten lernen?

Daran schließt sich, glaube ich, ein zweites: Kinder können unglaublich lieben, noch mehr als wir Erwachsenen. Vielleicht weil sie noch heiler sind? Eher vielleicht, weil sie auf Liebe noch mehr angewiesen sind als wir Großen. Aber sind wir Erwachsenen das eigentlich nicht? Wie geht doch uns selbst das Herz auf, wenn ein Kind oder ein begnadeter Erwachsener das wärmende Licht der Liebe, die intensiv fröhliche Selbstverständlichkeit der Liebe in eine Familie, eine Gemeinschaft, in einen Theater- oder Fernsehabend hineinbringt. Da lebt man gleich ganz anders auf. „Werden wie die Kinder", das heißt dann, die Härte der Skepsis gegenüber der Liebe aufgeben, die Angst vor vermeintlicher Verletzung durch Liebe. Ich denke, Paulus hat nicht zufällig unter Glaube, Liebe und Hoffnung die Liebe als „die größte unter ihnen" genannt. Solidarisch sein ist ein modernes Wort dafür – aber das ist ein altes christliches Wort aus dem lateinischen Mittelalter: solidaritas Christi. Wie liebevoll sie miteinander sind, hieß es von der ersten Christengemeinde. Das ist mehr und wirklich was anderes als das oberflächliche „Seid nett zueinander" - doch das ist immerhin auch schon mal was..

Und ich denke, noch etwas zeichnet Kinder aus: Neugier, Wissbegier, das Interesse, die Wahrheit zu erfahren - und zu sagen, und damit verbunden ein Sinn für Gerechtigkeit, das ist bei Kindern, so glaube ich, dichter unter der Haut. Bei uns Erwachsenen ist das mit allerlei Vorsicht, mit List, aber auch mit Rücksichten und mit Angst beladen. Und mit viel Resignation. Warum ist das bei Kindern anders? Vielleicht weil sie noch heiler sind? Oder eher, weil sie auf Neugier, Wissbegier und Wahrheit für ihr Aufwachsen ins Leben noch mehr angewiesen sind als wir Erwachsenen? Vielleicht hat das darum bei

Kindern einen so viel ernsteren, existentiellen Hintergrund als bei uns Erwachsenen. Sie brauchen das! „Kinder und Narren sagen die Wahrheit", heißt es wohl nicht umsonst. Auch wenn unbedingte Wahrheitssucher bei uns ja oft eher als verschrobene Heilige gelten.

Was all das für uns heißen könnte, ist in einem bekannten Märchen wunderbar genau festgehalten. Wir erinnern uns: Zu einem erfolgreichen Herrscher kommt ein berühmter Modemacher, der angeblich unglaublich feine Gespinste zu Festgewändern verarbeitet. Er wird angestellt, diesem Kaiser ganz neue, herrliche Festkleider zu fertigen. Die Gespinste existieren aber gar nicht, alles wird gespielt, keiner der Hofschranzen wagt, den Kaiser aufzuklären. So kommt es zur öffentlichen Vorstellung von „des Kaisers neuen Kleidern" vor dem Volk der Hauptstadt. Stille, nur ein Geraune zieht durch die Stadt – bis ein Kind laut ruft, „aber er hat ja gar nichts an"! Entsetzen, vielleicht „psst!" der Erwachsenen – aber im Märchen folgt lautes Gelächter und ein großes Volksfest hebt an. Und – im Märchen! - der Kaiser, die Macht und die Herrschaft in Person, feiert mit. Ein Fest der Wahrheit und der Befreiung!

„Aber er hat ja gar nichts an" - ach ja, werden wie die Kinder, dies Wort Jesu ist eine *befreiende* Verheißung an uns, die sogenannten Erwachsenen, die vernünftigen und sorgenvollen. Eine Verheißung, auf die wir selbst angewiesen sind. Wir sind darauf angewiesen. Noch unsere Sprache verrät uns, wenn wir „Aus der Jugendzeit" singen, voller Sehnsucht und zugleich überzeugter Resignation. Oder vom „Kind im Manne" reden, oder wenn der Mann (früher?) zur Frau „Kind" sagt, weil sie ihm Unmittelbarkeit, Kindlichkeit und

Wärme entgegenbringen soll, er selbst kommt ja oft gar nicht mehr daran. Und Kinder brauchen unseren Schutz – tief in Sitten und Gebräuchen verankert ist das, und so leicht und schlimm verletzt.

Werden wie die Kinder – jeder von uns war Kind. Aber das Leben ist nicht zu Ende, Vertrauen können, lieben können und den Mut zur Wahrheit haben, die uns frei macht, das befreit zum Leben. Und darauf zu setzen ist möglich. Das kann man wieder lernen. Das Fest der Wahrheit und der Befreiung, das ist Jesu Verheißung. Das Gottesreich bedeutet schon hier Freude und gutes Leben unter den Menschen. Davor haben wir oft eine tiefe Scheu. Es gibt das aber. Es ist da. In uns selbst und unter uns ist es da, gut aufgehoben und viel zu oft da auch versteckt. „Das Reich Gottes ist inwendig in euch und mitten unter uns", sagt Jesus. Öffnen wir doch unsere inneren Augen, Gott selbst war sich nicht zu gut, ein Kind zu werden.

Liebe Gemeinde, auch dies ist Buße, Umkehr. Eine andere Seite des Gottesreichs, das der Bußtag so streng verkündigt hat. Eine andere Art der Buße, der Umkehr. Hier ist es eher eine Einkehr, eine Heimkehr. Aber es gibt im Reich Gottes auf dieser Welt noch viel, viel mehr! Wir Christen sollten neugieriger werden. Wir wissen noch gar nicht alles. Und: Gar nichts ist unveränderlich. Sogar unsere Trägheit und Traurigkeit nicht. Und auch das nicht, dass wir so oft meinen, doch alles schon zu wissen – selbst das ist veränderlich !
Wir sind in der Adventszeit. Advent heißt Ankunft. Also: Da kommt noch was! Es kann noch etwas daraus werden. Gott sei Dank.

AMEN

Eine Auferstehungsgeschichte
Auferstehungskirche Hamburg-Lurup, 20.04.1981

Lukas 24, 13-31:

Zwei der Jünger gingen am Tag nach dem Passahfest in ein Dorf, das war von Jerusalem etwa zwei Wegstunden entfernt; dessen Name ist Emmaus. Und sie redeten miteinander von allen diesen Dingen. Und als sie so redeten, da näherte sich ihnen Jesus selbst und ging mit ihnen. Aber ihre Augen waren gehalten, so dass sie ihn nicht erkannten.

Er sprach aber zu ihnen, was sind das für Sachen, die ihr miteinander verhandelt unterwegs? Da blieben sie traurig stehen. Und der eine mit Namen Kleopas antwortete und sprach zu ihm: Bist du der einzige unter den Fremden in Jerusalem, der nicht weiß, was in diesen Tagen dort geschehen ist? Und er sprach zu ihnen, Was denn? Sie aber sprachen zu ihm: Das mit Jesus von Nazareth, der ein Prophet war, mächtig mit Taten und Worten vor Gott und allem Volk; wie ihn unsere Hohenpriester und Oberen zur Todesstrafe überantworteten und gekreuzigt haben. Wir aber hofften, er sei es, der Israel erlösen werde. Und über das alles ist heute der dritte Tag. Auch haben uns erschreckt einige Frauen aus unserer Mitte, die sind früh bei dem Grab gewesen, haben seinen Leib nicht gefunden, kommen und sagen, sie haben eine Erscheinung von Engeln gesehen, die sagen, er lebe. Und einige von uns gingen hin zum Grab und fanden's so, wie die Frauen sagten; aber ihn sahen sie nicht. Und er sprach zu ihnen: O ihr Toren, zu trägen Herzens, all dem zu glauben, was die Propheten geredet haben! Musste nicht Christus dies erleiden und in seine Herrlichkeit eingehen? Und er fing an bei Mose und allen Propheten und legte ihnen aus, was in der ganzen Schrift von ihm gesagt war. Und sie kamen nahe an das Dorf, wo sie hingingen. Und er stellte sich, als wollte er weitergehen. Und sie nötigten ihn und sprachen: Bleibe bei uns, denn es will Abend werden, und der Tag hat sich geneigt. Und er ging hinein, um bei ihnen zu bleiben. Und als er mit ihnen zu Tische saß, nahm er das Brot, dankte, brach's und gab es ihnen. Da wurden ihre Augen geöffnet, und sie erkannten ihn. Und er verschwand vor ihnen.

Liebe Gemeinde,

die zwei, die da von Jerusalem nach dem Dorf Emmaus gehen, haben eine Niederlage erlitten. Gewiss kennen wir alle dieses schlimme, traurige Gefühl. Es zehrt und zieht in einem, man sagt sich tapfere Worte, das Leben muss ja weitergehen, und man tut irgendetwas Nötiges, das den Tag füllt. Vielleicht geht man auch los, durch die Straßen, in den Wald, an die Elbe, einfach gehen. Und auf einmal ist man kilometerweit gewandert, allein oder zu zweit. - So ungefähr könnte es den beiden ergangen sein, die da von Jerusalem nach Emmaus unterwegs sind. Ihre Niederlage ist nicht irgendeine. Sie haben einen Menschen verloren, der war nicht irgendeiner. Auf ihn haben sie sich mit allen ihren Hoffnungen eingelassen. Das Leben hatte Sinn bekommen. Was sage ich: Den Sinn überhaupt. Jesus hatte doch klar gemacht, dass die alte Tradition, in der das Volk lebt, richtig und wahr ist. Israel hat eine Aufgabe in der Welt: Gott lieben und seinen Nächsten wie sich selbst, Gerechtigkeit üben und zu einer Gemeinschaft werden, die sich um jeden kümmert und dafür sorgt, dass niemand unter die Räder kommt. Richtig und wahr nicht nur für Israel, sondern für die ganze Welt, für alle Menschen. Gott selbst will das, Gottes Reich soll kommen. Und man *kann* darauf zu leben, das ist möglich und macht Freude, es ist doch da !

Denn die Wirklichkeit sieht immer noch anders aus. Da wird in Jerusalem, der Hauptstadt, geschachert, da werden Grundstücke verspekuliert, die Reichen sehen zu, sich einen Beamten am Hof des Herodes durch Geldgeschenke gefügig zu machen. Oder man versucht, sich mit den Römern gut zu stellen, die Stellen zu vergeben haben, mit denen man als Zöllner aus dem armen, dummen Volk Geld herauspressen kann. Oder man macht seinen Handel mit den Pilgern im Tempelvorhof. Die Dummen müssen mit ihren Händen arbeiten und kommen auf keinen grünen Zweig. Jesus hat da buchstäblich dreingeschlagen. Er hat den Tempel „gereinigt", wie wir sagen, Gott ist für ihn kein Bankdirektor! Er hat die alte Botschaft neu und klar und entschieden gesagt, erst draußen auf dem Land, er hat die Menschen das Hoffen wieder gelehrt, er hat geheilt und ermutigt, hat mit Armen und Reichen, aber auch mit Verfemten, wie den Römern dienenden Zöllnern, zusammen gesessen und gegessen und getrunken. Heuchler hat er entlarvt. Das Reich Gottes hat er verkündigt und gebracht. Und dann kam er nach Jerusalem. „Wir hofften doch, nun würde ein ganz neues Leben in Israel anfangen, nicht nur in unserem Kreis, sondern nun von Jerusalem aus in ganz Israel und in der Welt." Nichts ist daraus geworden, als Gotteslästerer und verbrecherischen Aufrührer haben die Priester und Schriftgelehrten ihn angezeigt und von der römischen Besatzungsmacht verurteilen lassen. Die da oben haben wieder gewonnen, alles bleibt so wie es ist.

So werden sie geklagt haben, und der unversehens hinzugekommene Unbekannte hört zu. Er weiß anscheinend nichts. Unser Elend ist nie so groß, dass dicht daneben nicht Menschen leben, die gar nichts gemerkt haben, und ganz einfach ihr normales oder vielleicht sogar glückliches Leben leben. Aber das können wir an anderen Menschen dann auch erleben, dass wir ihnen erzählen können, wie schlimm es uns geht. Das hilft ja manchmal schon, dass man aussprechen kann, was einen beschwert. Der andere hört zu, fragt auch erstmal nicht viel dazwischen. Das tut gut, und den beiden geht das Herz auf.

Aber dieser andere weiß dann offenbar doch mehr, als er zunächst gezeigt hat. Nicht nur so, dass er ihnen erklärt, ihr lieben dummen Jungs, das konnte doch gar nicht gut gehen, das musste doch scheitern. Sowas kennt man ja leider auch, dieses besserwisserische Trösten. Da geht das Herz gleich wieder zu. Doch nein, dieser Fremde hat offenbar mehr verstanden, hat sich auch selbst mit diesen Fragen befasst, hat vielleicht ähnliches durchlitten und verarbeitet. Und so geht es mit seinem Trost nun anders: Glaubtet ihr denn, das geht alles auf einmal? Glaubt ihr, wie Menschen sich verändern, das sei so einfach? Mit einer Machttat und mit Machtübernahme des Messias? Da würde sich doch gar nichts ändern, vielleicht gäbe es neue Inhalte, das wäre doch nur wieder eine Diktatur. Habt ihr nie die Propheten gelesen, die vom Leiden und Sterben des Messias gesprochen und geschrieben haben? Musste also Jesus nicht das alles leiden, damit die Revolution, die ihr erhofft, auch wirklich kommt und tiefer geht, bis in die Herzen der Menschen? Dass sie anfängt bei denen, die hören und danach tun? Durch die ganze Bibel kann man das doch lernen !

Das hat dieser Fremde den beiden verzagten Jüngern offenbar nicht lehrhaft von oben herab gesagt, sondern so, dass sie nicht abgestoßen werden. Sie haben seine Beteiligung gemerkt, und dass er ihnen Zeit gibt und ihnen ermöglicht, eigene Schlüsse zu ziehen. So ist es nun nicht nur orientalische Höflichkeit, dass sie ihren Begleiter zu Abend gastlich zu sich nach Hause einladen. Es wird Abend, und sie essen zusammen, man reicht sich Brot und Wein. Und dabei geht ihnen etwas ganz Neues auf: Ja, Jesus ist fort, aber seine Botschaft, sein Geist und seine Gemeinschaft, das alles ist nicht zu Ende. Es geht eigentlich überhaupt erst los jetzt. Und das beginnt im Alltag.

Denn dies gemeinsame Essen und Trinken ist ja zunächst das ganz Normale, Alltägliche. Wenn Gemeinschaft gelingt, dann setzt man sich zusammen. Wenn Menschen zusammenkommen, wie es gut und sinnvoll und fröhlich ist, wenn also Leben gelingt, dann isst und trinkt man gemeinsam. Zugleich aber zeigt sich nun, was die Gemeinschaft Jesu mit seinen Jüngern gewesen ist: Es war Arbeit daran, dass Leben gelingt. Dies Mahl ist uns überliefert, so setzen wir diese Gemeinschaft Jesu mit seinen Jüngern fort. Freilich: Wir heute leider wie gefiltert und ausgesteift durch jahrtausendealte Tradition. Wir feiern das „heilige Abendmahl" im Stehen vor dem Altar oder um den Altartisch herum. So ist es kirchlich zur Tradition geworden, bei unseren katholischen Geschwistern sogar nur mit der Brot-Oblate und dem Wein gar nicht für alle. Andere christliche Gemeinschaften feiern dies Mal in Verbindung mit einem gemeinsamen Essen oder sogar beim gemeinsamen Essen. Sie sind damit vielleicht näher an Jesus und seinen Jüngern in Emmaus.

Denn das Leben in Gemeinschaft, wie wir Menschen sie zum Leben brauchen, beginnt im Alltag. Und wie sehr wir Gemeinschaft brauchen, das zeigt sich in Krisen- und Katastrophenzeiten. Essen und Trinken gehört immer dazu, ob feierlich oder fröhlich und ausgelassen. Auch zu Schuld und Vergebung gehört es, dass wir wieder gemeinsam essen und trinken können, ein Versöhnungsmahl ist wie selbstverständlich nach schwierigen Verhandlungen oder schlimmem Streit. Das Mahl der Sieger und das endlich wieder mögliche gemeinsame Essen, auch als Verlierer. Und die gemeinsame Mahlzeit nach dem Tod eines Menschen und der gemeinsamen Trauerfeier hilft das Leben wieder bestehen. Und für das alles gilt: Das gemeinsame Mahl, das Brechen des Brots und das Austeilen des Tranks im Alltag ist das Sinnbild des solidarischen, des gemeinsamen menschlichen Lebens, wo Bedürfnisse mitgeteilt und Hunger und Durst gestillt werden, gelebte Liebe und Entfeindung, Sinnbild und Erfüllung zugleich.

Die beiden in Emmaus brechen noch am gleichen Abend wieder auf, zurück nach Jerusalem, zurück zu den anderen. Es geht doch weiter, ja, nun fängt es erst richtig an! In diesem Sinne ist Jesus, der Gekreuzigte, für sie nun der Auferstandene, erfahren und klar geworden ist ihnen das beim gemeinsamen Mahl mit dem Fremden, mit Jesus selbst, der ja dann als Person gar nicht mehr da ist. Jesus, den Gekreuzigten, die Vergangenheit können sie nun hinter sich lassen und nach vorn schauen und in ihre eigene Zukunft gehen.

Ja, „Christus ist auferstanden, er ist nicht hier." Er ist mit uns, wenn wir seinen Weg fortsetzen, er ist vor uns, wenn wir zurückbleiben. Er ist bei Gott und uns darum nahe. Wir setzen seinen Weg fort – gemeinsam, Schritt für Schritt. Und damit wir's erkennen und uns gegenseitig erkennen, immer neu, darum sind wir hier zusammen. Darum feiern wir auch das Mahl – immer noch in unserer überlieferten, steifen und feierlichen Form, aber das muss ja nicht so bleiben. Wir feiern Jesu Mahl „zu seinem Gedächtnis", wie es heißt. Nicht damit wir seiner gedenken, wie man eines lieben Toten gedenkt, sondern damit wir erinnert werden, was unsere Gabe und unsere Aufgabe in dieser Welt und in unserem Leben ist: Jesu Werk weiterzutreiben. Nach vorn, nicht zurück.

AMEN

Das Leben ein Fest
Auferstehungskirche Hamburg Lurup, 08.03.1987

Markus 12, 41 – 44:
Jesus setzte sich dem Gotteskasten gegenüber und sah zu, wie das Volk Geld einlegte in den Gotteskasten. Und viele Reiche legten viel ein. Und es kam eine arme Witwe und legte zwei Scherflein ein; das macht zusammen einen Pfennig. Und er rief seine Jünger zu sich und sprach zu ihnen: Wahrlich ich sage euch: Diese arme Witwe hat mehr in den Gotteskasten gelegt als alle, die etwas eingelegt haben. Denn sie haben alle etwas von ihrem Überfluss eingelegt; diese aber hat von ihrer Armut ihre ganze Habe eingelegt, alles, was sie zum Leben hatte.

Liebe Gemeinde,

Kirchensteuer in unserer heutigen Form gab es zur Zeit Jesu nicht. In den reichen Synagogen gab es eine Schatzkammer, in den ärmeren mindestens einen „Gotteskasten" am Eingang. Das war kein verschämtes Kollektenkästchen auf einem Stuhl oder auf einer gedrechselten Säule, sondern eine große Truhe mit einem Schloss davor und oben einer Öffnung, die viel Geld aufnehmen konnte. Groß musste sie schon sein, denn es gab damals weder Arbeitslosengeld, Arbeitslosenhilfe noch das Sozialamt. Wer Unglück hatte, wer arbeitslos und vermögenslos wurde, der war auf die Gaben in dieser Sammlung angewiesen. In die hatte jeder Besucher der Synagoge einzuzahlen. Der „Gotteskasten" hatte eine viel größere Bedeutung, als unsere heutige kleine Kollekte. Er war die Rettung für die Armen, sozusagen ihre Sozialversicherung. Freilich war das kaum ein sicheres Recht auf Versorgung.

Wenn die Zeiten schlecht waren, kam weniger Geld zusammen. Dann blieb nur Hunger und Betteln.

Wir finden Jesus am Eingang der Synagoge, „gegenüber" dem Gotteskasten – Jesus als neugieriger Beobachter der Menschen, ein höchst menschlicher Zug an ihm. Er ist nicht daran interessiert, was da hereinkommt an Geldern, er interessiert sich für die Menschen. Viele Wohlhabende geben viel. Aber als eine offensichtlich arme Frau kommt und zwei Groschen einlegt, offenbar alles, was sie hat, rühmt Jesus sie, *diese Frau hat ihre ganze Habe eingelegt, alles was sie zum Leben hatte.* Eigentlich sinnlos – sie lebt doch von dem Geld, das sie bekommt, und nun gibt sie es wieder weg?

Ich möchte eine andere Geschichte erzählen. Sie muss lange her sein, stammte vielleicht aus dem Osten. Ich erinnere sie aus einem Buch, das ich als Kind besaß, bevor es mit unserem ganzen Haus im Krieg verbrannte. In einem Dorf lebte ein armer Mann; er war alt und gebrechlich geworden und lebte allein. Eines Tages kam sein Sohn zu ihm auf Besuch, brachte seine Frau und seine Kinder mit. Der Sohn hatte es in der Welt draußen zu etwas gebracht. Der Vater wollte ein großes Fest ausrichten. Er lieh sich im ganzen Dorf Geld zusammen, von jedem etwas. Die Leute schüttelten die Köpfe, „das kann der doch nie zurückzahlen". Doch sie gaben ihm, um was er bat. Der Mann verschuldete sich völlig. Und das bisschen, das er gespart hatte, ging auch in dieses Fest hinein. Aber er hatte der Familie seines Sohns und sich selbst mit aller seiner Kraft und von ganzem Herzen ein Fest bereitet, von dem die Kinder des Sohns, also die Enkel des alten Manns, später noch ihren Kindern erzählt haben. Warum? Weil es sie so tief beeindruckt hatte, wie sehr sich ihr Großvater *gefreut* hatte an ihnen und mit ihnen. Sie hatten immer ein ganz warmes, fröhliches Gefühl dabei, wenn sie davon erzählten, und sogar wenn sie nur daran dachten. Davon merkten auch die im Dorf etwas, das strahlte irgendwie aus. Denn als der alte Mann wenig später starb, da waren nicht alle seine Nachbarn ärgerlich, dass er noch nichts zurückgezahlt hatte – na ja, einige schon. Alle hatten ihr Geld verloren, aber die meisten waren trotzdem froh, dieses Fest mit erlebt zu haben. Sie hatten größere Festivitäten erlebt, reichere Events. Aber noch nie ein so schönes, nie ein so glückliches Fest.

Der alte Mann in dieser Geschichte tut offenbar etwas Unvernünftiges – so ähnlich unvernünftig wie die Witwe in der Jesus-Geschichte. Die Witwe gibt alles weg. Aber was Jesus an ihr erkennt: Mit der Frau muss etwas los sein. Hat sie etwas erlebt, etwas Schlimmes oder etwas besonders Glückliches? Ist sie tief dankbar? Davon schweigt diese Erzählung. Aber was die Frau tut, das tut sie offenbar mit ganzem Herzen, da ist sie ganz dabei, damit riskiert sie sich ganz und gar. Es ist wenig, das sie geben kann, aber *sie gibt alles, was sie hat*. Damit nun die anderen Armen es bekommen, kann man schließen. Für die anderen gibt sie. Und das ist mehr als bloßes Geld.

„Gotteskasten" übersetzt Luther das griechische Wort, das hier und anderwärts im Neuen Testament öfter vorkommt. Das ist nicht ohne tiefere Bedeutung. Es soll heißen, *Gott* sorgt für die Armen, aber *durch uns*. Gott hat keine Hände, nur unsere Hände, heißt ein bekanntes Sprichwort. Gott ruft unsere Herzen, der Ruf eines Armen kann wirklich einmal zu Gottes Ruf an mich werden. Und wo Gottes Ruf Eingang findet, da ist für den Armen gesorgt. Und seltsamerweise: Da ist dann auch für den Geber gesorgt. Nicht einfach, als ob damit als Lohn ein schlechtes Gewissen aufgelöst wird. Sondern mit der Gabe kann Freundlichkeit ins Leben einziehen, überhaupt der Blick aufs ganze Leben, auf Zusammenhänge, die sonst vielleicht verdeckt bleiben. Dankbarkeit fürs eigene Leben kann bewusst werden.

Dieser Gotteskasten war damals also etwas wie eine Kirchensteuer, eine Synagogensteuer. Aber man legte bewusst und *sichtbar* seinen Beitrag hinein. Damit bezeugte man zugleich die Zugehörigkeit zu der Gemeinde, öffentlich und konkret. Damit gehörte man dazu, war angesehen und konnte vielleicht auch stolz darauf sein. Und die Gemeinschaft trug einen, ganz alltäglich, aber eben auch dann, wenn man in Not geriet, dann war man nicht allein und verloren, „um Gottes willen" nicht. Die Kirchensteuer wird heutzutage anonym eingezogen, und die öffentliche Kollekte, gar der Klingelbeutel, sind geldlich eher lächerlicher Groschenkram. Das ist schade und ganz ungesund. Freiwillige Vereine, zum Beispiel Sportvereine oder Bürgerinitiativen, machen uns mit ihren Beiträgen und Spenden manchmal vor, wie es anders gehen könnte. Da ist oft der ganze Mensch dabei, in lebendiger Gemeinschaft, manchmal geht das familienweise über Generationen so. Ausgerechnet in der heutigen Kirche Jesu Christi bleibt dagegen beim Geld vieles starr, abstrakt und unlebendig. Man merkt nichts davon, dass die Steuer „ab-gebucht" wird. Und die Kollekte bleibt symbolisch.

Wer sein Leben so gar nicht mehr von ganzem Herzen führt, und das heißt *ganz* lebendig - bis ins

Wirtschaftliche hinein auch als Gemeinschaft, der droht, unlebendig zu werden, bis zur Starrheit und Lieblosigkeit. Darauf weist Jesus hin mit seiner Beobachtung der armen Witwe und seiner Deutung ihrer Handlungsweise. Das erzählt auch die Geschichte von dem Fest des alten Manns. Den Reichen wie den Armen werden diese Geschichten erzählt. Uns Wohlhabenden und uns Ärmeren. Vielleicht sind auch heute unter den Armen mehr Menschen, die das begreifen als unter den Reichen. *Eher geht ein Kamel durch ein Nadelöhr, als dass ein Reicher das Himmelreich sieht,* hat Jesus einmal traurig gesagt.

Es kommt also manchmal nicht auf die Menge dessen an, was wir geben. Auf die Größe dessen, was wir leben. Es kommt darauf an, dass wir unser Leben immer wieder lernen, ganz zu leben, und nicht zerstückelt. Wir könnten uns in der Kirche auch Strukturen geben, die uns das erleichtern – wie gesagt, manche anderen Vereinigungen machen uns das vor. Vielleicht können künftige Generationen, wenn die Kirche ärmer geworden ist, hier auch kirchlich wieder zu einem ganzheitlicheren Leben vordringen. Wenn wir alle so leben wie die arme Witwe oder der alte Mann mit ihren Geschichten, dann kommt auch genug Geld zusammen – weltweit auch! - für die, die es brauchen. Das kommt dann wie von selbst. Und nicht nur die Beschenkten und Unterstützten haben etwas davon, sondern gerade auch die Gebenden.

Trachtet am ersten nach dem Reich Gottes und nach seiner Gerechtigkeit, so wird euch solches alles zufallen", heißt es in der Bergpredigt Jesu. Das Reich Gottes ist nicht ferne von uns, es ist da, hat Jesus verkündigt. Es meint uns ganz. Wir müssen es nur aufgreifen. Und uns ganz drangeben. Es macht uns zu ganzen Menschen, wenn wir Gott dies zutrauen, und *uns* trauen, als ganze Menschen menschlich zu leben. Dann wird auch unser schweres und oft so schmerzliches Leben – zu einem Fest.

AMEN.

Oben und Unten
Auferstehungskirche Hamburg Lurup, 19.03.1989

Lukas 22, 24 – 27:
Es erhob sich auch ein Streit unter ihnen, wer von ihnen als der Größte gelten sollte. Er aber sprach zu ihnen: Die Könige herrschen über ihre Völker, und ihre Machthaber lassen sich Wohltäter nennen. Ihr aber nicht so! Sondern der Größte soll unter euch sein wie der Jüngste, und der Vornehmste wie ein Diener. Denn wer ist größer: der zu Tische sitzt oder der dient? Ist's nicht der, der zu Tische sitzt? Ich bin aber unter euch wie ein Diener.

Liebe Gemeinde,

Obrigkeit und Unterordnung, Macht und Gewalt – trotz aller Demokratie bestimmt diese Ordnung unser Leben. „Aufstieg" ist das geheime oder offene Stichwort vieler junger Berufsanfänger, die Berufswerbung gaukelt die Chancen dazu vor. In Wahrheit bleiben die meisten von uns „unten", haben Vorgesetzte und Chefs, lernen Gehorsam und funktionieren so ein Leben lang. Einordnung, Unterordnung – das bestimmt unser Leben. Jeder hält das bisschen Macht, das ihm auf diesem Weg zugekommen ist, eifersüchtig fest, sichert sich ab, nach oben und nach unten. „Radfahrer" sagte man früher zu ausgeprägten solchen Typen, „nach oben buckeln, nach unten treten". Das sitzt, denke ich, in uns allen tief drin. Man merkt das vor allem, wenn sich was verändert, wenn einen einer verdrängt oder überholt, wenn andere herandrängen und mitbestimmen wollen, oder wenn ausgesiebt wird, weil die Firma schwächelt. Das schmerzt ganz tief und macht eine tiefe Angst. Jedenfalls hat man das gar nicht so gern. Es soll möglichst alles so bleiben, geordnet nach oben und unten. Die Angst vor dem Machtverlust, Angst vor dem Weichen der Normalität ist eine tiefe Verunsicherung.

Das ist gar nicht nur im Kleinen so. Ob es um die Mitbestimmung im Betrieb geht, oder um neue Koalitionen, um Ausländerwahlrecht oder um ernstliche Reformen, gar um Revolution – dann spüren wir diese Angst vor dem Verlust der Normalität an uns selbst oder auch an den Machthabern, die ihre Macht zu verlieren drohen. Dann wird von interessierter Seite manchmal die „Angst vor dem Chaos" geschürt. Demokratie heißt zwar auf Deutsch „Herrschaft des Volkes". Aber immer wieder ging es in der Geschichte so, dass nach der großen Hoffnung von Revolutionen von unten sich bald wieder ein Oben/Unten durchsetzte, oft mit blutiger Gewalt. Wirkliche Demokratie, Gleichberechtigung aller, macht Angst. Die Herrschenden haben Angst vor Machtverlust. Auch die Untergebenen haben Angst vor Veränderung. Aber es macht auch Angst, Verantwortung selbst übernehmen zu sollen, „die da oben" nicht mehr anklagen und verantwortlich machen zu können. Es macht auch Angst, auf die Straße zu gehen und eine abweichende Meinung zu demonstrieren. Da schweigt man lieber und duckt sich. So auch im Beruf, man passt sich lieber an, um die Stelle nicht zu verlieren – jedenfalls in den meisten Fällen schweigt man lieber und lässt sogar Unrecht geschehen. Angst ist oben *und* unten im Spiel. Im Kleinen wie im Großen.

Davon geht die Szene unseres Predigttextes wie selbstverständlich aus. *Es erhob sich auch ein Streit unter ihnen, wer von ihnen als der Größte gelten sollte. Er aber sprach zu ihnen: die Könige herrschen über ihre Völker, und ihre Machthaber lassen sich Wohltäter nennen.* Ja, so ist das. Aber seltsam ist, dass zum Beispiel von der Angst, die das Ganze so sicher funktionsfähig erhält, hier so gar nicht die Rede ist. Vergleicht man unseren Text mit den parallelen Abschnitten in den anderen Evangelien, dann kann man die Entdeckung machen, dass Lukas viel „angepasster" redet als Matthäus und Markus. Bei denen werden auch die beiden Jünger mit Namen genannt, die diesen Streit um Macht und Einfluss angezettelt haben. Die wollen dort sogar die Größten im Himmelreich feststellen; die haben also noch überhaupt nichts begriffen. Das „glättet" Lukas, lässt es einfach weg. Er geht übrigens auch mit den weltlichen Obrigkeiten vorsichtiger um. Man spürt die Absicht, ja nicht zu sehr anzuecken. Also Angst, Angst, für die Gemeinde eine gute Stellung bei den Herrschenden zu gewinnen oder nicht zu verlieren schon mitten im Neuen Testament? Ja, das ist offenbar so. Christen sind auch Menschen, das sieht man schon im Anfang.

Beruhigend? Nun, auch in der geglätteten Form bei unserem Lukastext bleibt ja nach innen jedenfalls der steile Anspruch Jesu stehen: *Ihr aber nicht so!* Also ihr Christen sollt anders sein. Anders sein soll es sein unter Euch. Anders sollt ihr werden. Ja, man *kann* anders werden, ich habe es euch gezeigt. Ich habe es euch vorgelebt, *ich bin unter euch als der Dienende.* Jesus hat mit seiner Art zu leben wirklich etwas Neues in die Welt gebracht. Er hat die Versuchung der Macht durchgestanden – gewiss hätte er ein großer Führer des Volks und Herrscher werden können, das Zeug dazu hatte er. Er wurde es nicht, sondern blieb der zu Lebzeiten weithin unbekannte Wanderprediger, der zu den kleinen Leuten hielt und die Großen verstörte. Und deshalb von ihnen am Ende auch ausradiert wurde. Die Liebe Gottes, die er lebte und verkündete, ihnen machte sie Angst. Auch Jesus hatte Angst, aber entgegen seiner großen Angst blieb er bei der Liebe Gottes und lebte sie bis in den Tod hinein. So wurde die Macht als das entlarvt, was sie ist: Eine große Versuchung zum Bösen, die Leben unterdrückt und zerstört. Jesus sagt, *ich bin mitten unter euch als der Dienende"*, ohne Macht. Ihr könnt auch so leben. Ihr müsst nicht nach Macht streben, das macht euch das Leben kaputt, lässt euch gar nicht zur Ruhe kommen, die hetzt euch zum Aufstieg und macht euch unsensibel, unbarmherzig, ja grausam. Sie tötet alle Liebe. Es lohnt sich, es anders zu versuchen. Es lohnt sich, in die Zone der eigenen Angst vorzudringen und sie auszuhalten und gegen sie zu kämpfen. Ihr werdet merken, dass ihr auf ganz neue Weise leben lernt, meint Jesus. Die Angst um das Leben und eure Stellung verwandelt sich in etwas ganz Neues: In die Sorge für das Leben, für eure Nächsten, in die Sorge für die Liebe zum Leben und für diese Welt.

Aber wie kann Jesus so einfach sagen, *unter euch soll es nicht so sein,* wie unter den Mächtigen und voller Angst Machtgierigen? Und dabei auf die tiefe Angst, die wir ja erstmal immer auch spüren, die Angst vor Machtverlust und Verletzung, so wenig eingehen? Ein wenig ist ja vorgekommen, wie *er* damit umgeht. Aber ich denke, dass man zur Hilfe und Anleitung zum Anders-Werden noch mehr sagen kann.

Zunächst: Ich glaube, dass Jesus sich gegenüber allen weltlichen Machthabern, gegenüber allen weltlichen angstvoll Untergebenen, also gegenüber der Versuchung und den Möglichkeiten der Macht, ganz fest darauf verlassen hat, dass über alle Macht dieser Welt *Gott* wirklich all-mächtig ist. Er macht ernst mit

Gott. Und dem all-mächtigen Gott und Vater ist auf ganz schrecklich-liebevolle Weise das ganze Machtgetue und Machtgerangel der Menschen schlicht gleichgültig. In den Psalmen heißt es einmal ganz lapidar, *der im Himmel wohnt, lacht ihrer* (Psalm 2,4). Auf strenge und liebevolle Weise *richtet* Gott unser Machtstreben, unsere Allmachtsphantasien ebenso wie unsere Unterordnungsangst. Zu unserem Heil, denn sonst gäbe es überhaupt keine Orientierung mehr zur Menschlichkeit in dieser Welt. Diesem Gott, dem wirklich allmächtigen Vater von allem, glaubt Jesus mehr als allen Mächten dieser Welt. Mehr auch als seiner eigenen Angst. Jesus glaubt Gott mehr als aller Macht und mehr als seiner eigenen Angst. Weil das so ist, redet er nicht von unserer Angst, sondern weist uns auf den hin, mit dem auch wir unsere Machtangst überwinden können.

Und weiter: Ich glaube, man kann das lernen. Und wie immer ist Jesus auch hier kein Theoretiker, sondern sehr praktisch. *Wer unter euch der Größte ist* – o ja, es gibt Unterschiede der Begabung, der Bildung, von Arm und Reich – *der sei Diener.* Diener klingt altmodisch, ist aber ein klares Wort: Der gute Diener beherrscht die anderen nicht, er sieht, was sie brauchen. Das ist keine Regel, die so klippklapp angewandt sogleich funktioniert. Das ist ein Ratschlag, ein *Maß,* ein Kriterium, an dem man lernen kann, an dem man immer neu und Neues ausprobieren kann, an dem man Erfahrungen machen kann, mit sich und anderen. Ein Rat, an dem man wachsen kann, an dem man Phantasie entwickeln und leben lernen kann. Mit diesem guten Rat kann ich in die Zone der Angst eindringen und diese Angst aushalten und überwinden lernen. Und lernen auszuhalten, dass man selbst und die anderen es auch schwer haben damit. Das bedeutet dann auch - ja - *leiden* lernen daran, dass in dieser Welt offenbar die Macht unausrottbar immer wieder herrschen und bestimmen will. Und es bedeutet lernen, trotzdem bei der strengen und liebevollen Haltung Gottes zu bleiben und so das Leben ganz neu zu entdecken. Ja, leiden bedeutet es auch, *der Jünger ist nicht über dem Meister.* Jesus hat auch unter der Begriffsstutzigkeit und der Angst vor Machtverlust der Menschen seiner Zeit gelitten. Zuzeiten auch unter seinen Jüngern, wie wir hörten. Er ist bis in den Tod aber bei der strengen Liebe Gottes zu uns und zu unserem Leben geblieben.

Mit dem Stichwort „Dienen" statt Herrschen – dem Leben dienen, statt über andere herrschen zu wollen – hat er uns das Signal gegeben, dem wir vertrauen und folgen können – uns und unseren Nächsten zum Leben. Dienen, ich halte das nicht für unmodern. Angesichts der Verhältnisse in unserer Welt scheint es mir geradezu umwerfend modern und notwendig zu sein, dass wir das lernen. Jesus lebt und spricht immer neu. Er hat sein letztes Wort noch nicht gesprochen. Wir können noch lernen.

AMEN.

Was ist gerecht?
Auferstehungskirche Hamburg-Lurup, 08.02.1998

Matthäus 20, 1-16:

Das Reich Gottes gleicht einem Grundbesitzer, der früh am Morgen auf den Markt ging, um Tagelöhner für seinen Weinberg einzustellen. Und als er einen Vertrag mit ihnen gemacht hatte über einen Denar für den Tag, schickte er sie in seinen Weinberg. Dann ging er um 9 Uhr hinaus und sah andere auf dem Markt unbeschäftigt warten und sagte zu ihnen, „geht ihr auch in meinen Weinberg, ich will euch geben, was recht ist." Und sie gingen hin. Um 12 Uhr und um 3 Uhr nachmittags ging er wieder hinaus und fand andere stehen, schickte die auch in seinen Weinberg und sagte ihnen das gleiche. Um 5 Uhr nachmittags ging er hinaus , fand wieder andere auf dem Markt stehen und fragte sie, „was steht ihr hier den ganzen Tag herum?" Die sagten ihm: „Es hat uns niemand eingestellt." Er antwortete, „geht auch ihr in den Weinberg." Als nun (um 6 Uhr) Feierabend war, sagte der Grundbesitzer seinem Verwalter: „Ruf die Arbeiter zusammen und zahle ihnen den Lohn aus. Und fang bei den letzten an, und am Schluss nimm die ersten dran". Da kamen die um 5 Uhr eingestellten, und jeder bekam seinen Denar. Als dann die ersten drankamen, meinten die, sie würden mehr bekommen; aber sie bekamen auch jeder seinen Denar. Als sie den in der Hand hatten, protestierten sie gegen den Weinbergsbesitzer und riefen: „Diese letzten haben nur eine Stunde gearbeitet, und du hast sie uns gleichgestellt. Wir haben dagegen den ganzen Tag geschuftet und geschwitzt." Der antwortete und sagte zu einem von ihnen: „Mein Freund, ich tue dir nicht unrecht. Hast du dich nicht mit mir vertraglich geeinigt, und zwar auf einen Denar? Nimm, was dir gehört und geh! Ich will aber diesem letzten das gleiche geben wie dir. Habe ich nicht die Macht, mit meinem Besitz zu tun was ich will? Bist du neidisch, weil ich gütig bin?"

Liebe Gemeinde,

meine Konfirmanden, jedenfalls die meisten, kannten diese Geschichte nicht. Wer liest auch heute zu Hause noch in der Bibel! Ich habe das ausgenutzt. Auf unseren Freizeiten, wenn die „Geschichte von den Arbeitern im Weinberg" dran war, habe ich diese Geschichte immer nur bis zu der Stelle erzählt, wo die Arbeiter zur Lohnauszahlung kommen. Und dann sollten die Konfirmanden sich Gedanken machen, wie die Weinbergarbeiter entlohnt werden sollten bei ihrer unterschiedlichen Arbeitszeit.

Das war nicht so einfach, wie es klingt. Entlohnung nach Zeit wäre natürlich die naheliegendste Lösung. Aber das Leben im ländlichen Palästina war schwer damals. Die meisten Kleinbauern mit eigenem Besitz und Einkommen hatten schon Generationen zuvor verschuldet aufgeben müssen. Nun waren sie Landarbeiter, lebten im Tagelohn von der Hand in den Mund, ganz und gar abhängig von der Arbeit, die es gerade auf den Großgütern gab. Ein Denar (etwas mehr als 2,50 €) war etwa der Lebensbedarf einer Familie für einen Tag. Aber oft fanden die Menschen auch keine Arbeit, dann mussten sie hungern oder betteln. Da kommen die vielen Bettler und Armen her, mit denen es Jesus immer wieder zu tun hatte. Und auch die „Räuber" in den Bergen, die politischen Guerillas, die Zeloten: Das waren meist Männer aus verarmten und hungernden Familien. So stehen in unserer Geschichte also die Arbeiter, die immer später am Tag eingestellt werden, auch nicht „müßig" herum, wie Luther übersetzte. Sie sind nicht faul, sondern arbeitslos. Sie sagen das ja auch selber. Und hoffen, wenigstens noch ein paar Groschen zu verdienen für ihre Familien, legal, auch wenn das nicht zum wirklichen Sattwerden reichen würde, das war ihnen ja klar, je länger der Tag dauerte.

Diese zusätzlichen Informationen habe ich damals meinen Konfirmanden gegeben. Und die haben in ihren Gruppen schriftlich komplizierte Lohntabellen ausgerechnet, manche haben Sozialprogramme überlegt für das ganze Land, um den Tagelöhnern zu besserem Leben zu verhelfen. Manche haben aber auch einfach Stundenlohn gesagt, Schluss, Punkt, so ist es gerecht, anders geht es eben nicht. Die Mädchen und Jungen haben sich ernsthaft gequält mit der Frage, was denn hier gerecht sein kann.

Um diese Frage „was ist gerecht?" geht es Jesus in unserer Geschichte von den Arbeitern im Weinberg. Am Anfang steht ein regelrechter Arbeitsvertrag: Ein Denar für den Tag, Arbeitszeit 12 Stunden. Für die später Eingestellten heißt es dann: „Ich will euch geben, was gerecht ist". Die zum Schluss nur eine Arbeitsstunde haben, kriegen nur gesagt, „geht in den Weinberg"; die greifen nur noch stumm zu und gehen. Insoweit ein damaliger Grundbesitzer, wie er im Buch steht, „kann ich mit meinem Besitz nicht machen, was ich will?" Ja, genau das tut er.

Aber da ist schon von Anfang an etwas anders bei diesem hohen Herrn: Der rennt selbst auf die Märkte und nimmt Einstellungen vor. In Wirklichkeit saßen solche Gutsbesitzer in den Städten, machten Geschäfte und Politik, und genossen im Übrigen ihr Leben. Den unangenehmen täglichen Umgang mit den Arbeitern überließen sie ihren angestellten Verwaltern. Nein, dieser Herr hier ist offenbar von einer anderen Art. Er diskutiert sogar die Frage nach der Gerechtigkeit: „Ich tue dir nicht unrecht", sagt er einem der Protestierenden. „Hast du nicht dem Vertrag über einen Denar zugestimmt? Nimm das Deine und geh". Also, das ist gerecht, heißt das ja wohl. Aber dann geht es anders weiter, die Kurzarbeiter sollen das gleiche bekommen - denen hatte er aber auch gesagt: „Ich will euch geben, was recht ist", also was ge-recht ist. Nur ist bei ihrer Lohnauszahlung nicht mehr das Maß der Arbeitsleistung gerecht, sondern etwas anderes: „Bist du neidisch, weil ich gütig bin zu denen?", sagt er dem protestierenden Vertragspartner. Gütig kann man hier auch mit „gut" übersetzen.

Was ist gerecht? Was ist Gerechtigkeit? Offenbar reicht es nicht aus, nur das Wort zu benutzen, es bedeutet jeweils Verschiedenes. Man muss dazusagen, welcher Maßstab für Gerechtigkeit gelten soll. Der Weinbergsbesitzer spricht von zwei verschiedenen Gerechtigkeiten. Die eine Gerechtigkeit ist die, wo es nach Arbeitsleistung geht. Wer mehr und länger und qualifizierter arbeitet, verdient auch mehr Geld. Das kennen wir, das entspricht auch unserem normalen Gefühl und Denken bei diesem Wort Gerechtigkeit. Das finden wir gerecht, oder doch die meisten von uns sehen es so. Wie kann man die andere Gerechtigkeit bezeichnen? Da geht es um Güte, um Gut-sein. Und das meint hier, darauf zu achten, was die Menschen brauchen, um menschenwürdig leben zu können. Da kommen andere Dinge ins Spiel: Der Grundbesitzer wird den Kurzarbeitern zum Nächsten, er sieht ihre Not und tut etwas Sinnvolles für sie, etwas, was ihnen hilft. Das ist eine Gerechtigkeit, die den Menschen gerecht wird; sie geht danach, was die Menschen brauchen, nicht nach Leistung.

Die Geschichte meint also, wir brauchen beides. Gerecht ist, dass Arbeit und Leistung anerkannt wird. Mein Arbeitslohn ist ja auch Anerkennung für meine geleistete Arbeit, da werde ich ernstgenommen. Wenn es gut geht, sogar als Vertragspartner. Das ist dem Menschen nötig. Aber es muss auch eine Gerechtigkeit geben, die den Menschen gerecht wird, die mich leben lässt, die danach geht, was ich brauche, nicht nach dem, was ich leisten kann. Sonst wird das Leben kalt und unmenschlich. Ach, wenn es diese Gerechtigkeit doch gäbe, seufzte einer meiner Konfirmanden damals. Ja, so wäre es gut für uns. Leistungsgerechtigkeit allein macht kaputt. Gerechtigkeit, die uns gerecht wird macht ein menschliches Leben möglich. Aber so bekommt nun auch die erste Gerechtigkeit, die nach Leistung, noch einen anderen Klang: Wir Menschen brauchen auch sie, sie ist gut für uns. Das erkennt Jesus in seiner Geschichte ganz selbstverständlich auch an. Beide Arten von Gerechtigkeit gehören zusammen.

Wir haben immer noch Millionen Arbeitslose in Deutschland und Europa. Von den arbeitslosen Millionen der Dritten Welt will ich lieber erst gar nicht reden. Auch die Kirche ist nicht so gut, auch da gibt es Stress und Entlassungen. Manche sagen, das mit den Arbeitslosen ist unvermeidlich, auch die Kirche muss eben abspecken. Ich gehe mal davon aus, dass sie das mit Bedauern sagen, vielleicht auch mit Bitterkeit im Herzen. Sie sehen eben keine andere Möglichkeit.

Aber das geht ja weiter. Denn Christen stellen gar nicht so selten die Frage, ob denn gerade diese Geschichte von den Arbeitern im Weinberg, so wie ich sie jetzt erzählt und ausgelegt habe, so nicht falsch gedeutet ist. Ob hier nicht ein Gleichnis vorliegt, das ganz etwas anderes meint. Geht es hier nicht nur um den Glauben? Der Weingutsbesitzer ist Gott oder Jesus, der behandelt die Menschen gleich und gütig, ganz egal, wann sie kommen, ob am Anfang ihres Lebens oder erst kurz vor Toresschluss. Es geht hier doch darum, dass man durch den Glauben selig wird, und nicht nach seiner Leistung in guten Werken. Und die Kirche soll sich nicht um die Arbeitsmarktpolitik kümmern, sondern vor allem anderen um den Glauben und die Religion. Und das soll eben mit einer richtigen Gleichnis-Auslegung der Theologen anfangen. Die Geschichte ist symbolisch zu verstehen und nicht wörtlich, sie ist ein Gleichnis. Punkt. So heißt die Behauptung, und die ist wie gesagt, gar nicht so selten. Also erzählt Jesus hier eine Geschichte, die wörtlich zu verstehen ist, oder erzählt er ein Gleichnis, das symbolisch zu verstehen ist? Das ist immer wieder eine Streitfrage, und daran entstehen in der Kirche immer wieder Fronten.

Das ist eine dieser Fragestellungen, von denen man sich leicht fangen lassen kann, weil diese Frage auf den ersten Blick so einsichtig klingt. Aber das ist leider eine falsche Frage, und, ganz leise sei es gesagt, sie ist auch noch ein kleines bisschen dumm. Denn diese Geschichte ist nicht entweder wörtlich oder symbolisch zu verstehen; nicht eins von beiden ist richtig, sondern beides. Das kann man sich ganz leicht klarmachen, wenn man den Text genau ansieht: Natürlich ist die Geschichte ein Gleichnis, und alle Gleichnisse, so auch diese, beginnen mit „Das Reich Gottes ist gleich" - hier: „es gleicht einem Weinbergbesitzer". Aber „Reich Gottes" ist nicht „Himmelreich", also das Jenseits nach dem Tod, wie man nach der Lutherübersetzung denken könnte. Wir müssen lernen, die Bibel wörtlich zu verstehen.

„Reich Gottes" ist Gottes Herrschaft in unserem diesseitigen menschlichen Leben und in dieser diesseitigen Welt. Und diese Herrschaft Gottes in dieser Welt hat mit Jesus angefangen, und sie hat Menschen seitdem in ihren Herzen und auch mit ihrem Kopf und mit ihren Taten ergriffen. Sie tut das immer noch und immer wieder, seit fast 2.000 Jahren. Allerdings nicht mit Macht und Herrlichkeit, das vergeht. Das römische Reich, in dem Jesus ans Kreuz geschlagen wurde, weil er bestimmten Herrschenden quer lag mit seiner Botschaft und mit seiner Praxis, das ist längst vergangen. Auch der unsägliche Politiker Pontius Pilatus wäre längst vergessen, wenn er nicht im Glaubensbekenntnis der Christen stünde. Denn die Botschaft und die Praxis der Güte, von der auch unsere Geschichte erzählt, die ist nicht vergangen. Sie wächst immer wieder neu in unseren Herzen und verändert uns, wie der Same im Gleichnis vom Senfkorn, das ein großer Baum wird. Und wie der Sauerteig in jenem anderen Gleichnis durchsäuert diese Botschaft das Brot unseres Lebens, sodass es menschlich und lebenswert wird.

Denn wenn ich dieser Botschaft glaube, d.h. wirklich „Gott von ganzem Herzen, mit allen Kräften und mit allem Verstand" liebe, dann verändert das mein Leben. Und wenn das viele tun, dann wird das auch Auswirkungen auf das Leben der Gemeinschaft und der Gesellschaft haben. Uns nämlich dazu befreien, aus dieser Gleichnisgeschichte vernünftige und gute (gütige und gültige) Schlüsse zu ziehen - von ganzem Herzen, mit allen Kräften und mit unserem ganzen Verstand. So komme ich zum Beispiel dazu, daran zu denken, dass mein Nächster ebenso Angst hat vor Mangel und Arbeitslosigkeit wie ich, und dann machen wir vielleicht etwas zusammen, das über das tägliche Klagelied zur schlimmen Situation hinausreicht. Oder wenn ich selbst schon in Arbeitslosigkeit drinstecke, dann kann es zum Beispiel dahin komme, dass ich die Angst der Noch-Arbeitenden verstehe und mich gleichwohl für meine Sache einsetze, vielleicht mit ihnen zusammen. Das führt heraus aus dem Neid auf die, die noch Arbeit haben, und macht mich lebendig. Das entbindet Phantasie, und diese Erfahrung gibt es inzwischen hundert- und tausendfach. Sich einmal eine Weile innerlich zurückzulehnen und sich zu fragen, ob ich mich darauf nicht einlassen könnte, das lohnt sich. Glaubenlernen ist auch Arbeit, eine ruhige und stille zwar, aber sie ist sehr effektiv.

Die Geschichte von den Arbeitern im Weinberg ist zwar kein ausgerechnetes sozialpolitisches Programm, und in dem, was sie erzählt, ist sie auch zeitbedingt. Nur ist sie deshalb noch keineswegs überholt. Sie ist vielmehr verblüffend aktuell, einfach und einsichtig, nämlich damit, dass *ich* mich verändere, das *wir* uns verändern (und damit ein Stück dann auch die sogenannte Gesellschaft). Und sie sagt überdies auch noch: Das ist möglich, das ist menschenmöglich, so will Gott uns haben, so sind wir gemeint, und Gott gibt uns auch die Kraft dazu. So wird Gott uns gerecht, so werden wir uns gerecht! Das ist keine moralische Überanstrengung, sondern das kann sehr befreiend werden. Den Verstand dazu haben wir, Gott hat uns als vernünftige Wesen geschaffen.

AMEN

Liebe und Furcht
Osterkirche, Hamburg-Altona, 14. 06.1998

1.Joh. 4, 16-21:

Gott ist Liebe, und wer in der Liebe bleibt, der bleibt in Gott und Gott in ihm. Darin ist die Liebe bei uns, vollkommen, dass wir Zuversicht haben am Tage des Gerichts; denn gleichwie er ist, so sind auch wir in dieser Welt. Furcht ist nicht in der Liebe, sondern die vollkommene Liebe treibt die Furcht aus; denn die Furcht muss vor der Strafe zittern. Wer sich aber fürchtet, der ist nicht vollkommen in der Liebe. Lasst uns lieben, denn er hat uns zuerst geliebt. Wenn jemand spricht: Ich liebe Gott, und hasst seinen Bruder, der ist ein Lügner. Denn wer seinen Bruder nicht liebt, den er sieht, wie kann er Gott lieben, den er nicht sieht? Und dies Gebot haben wir von ihm, dass wer Gott liebt, dass der auch seinen Bruder liebt.

Liebe Gemeinde,

in der bekannten Geschichte vom reichen Mann und dem armen Lazarus gibt es am Ende eine schreckliche *„Kluft"*, eine tiefe Schlucht zwischen dem Reichen und dem Armen, endgültig, unüberbrückbar. Die beiden sehen sich zwar noch, aber keiner kommt mehr hin zum anderen.

Das ist ein starkes, unheimliches Bild. Und die Wirklichkeit kennen wir: Wenn da ein Porsche durch die Straßen braust mit einem Aufkleber „eure Armut kotzt mich an", dann macht mich das wütend auf den Lackaffen, der da drin sitzt. Da ist sie, die „Kluft": Ich fahre nur einen klapprigen VW oder gehe zu Fuß. An den reichen Blödmann in seinem Porsche komme ich nicht heran, aber ich will das auch gar nicht, so sehr ärgert mich dessen Dummheit und Brutalität! Aber auch umgekehrt: Wenn ich mich selbst dabei erwische, dass ich mich an einer unverschämten Bettlerin unauffällig vorbeidrücke, dann bin plötzlich ich der Reiche, der über die „Kluft" nicht mehr hinüberkommt und der Frau eben nicht helfe.

Solche Schluchten, Klüfte und Gräben zwischen Menschen gibt es nicht nur zwischen reich und arm. Zum Beispiel wenn ich jemanden nicht ausstehen kann, wenn der oder die mich nervt, anödet. Dann ist da ein Graben zwischen uns. Oder wenn ich Angst haben muss vor jemandem, der/die Macht über mich hat. Oder wenn mich jemand über den Tisch gezogen hat. Oder wenn mich jemand mobbt oder aus der Arbeit drängt. Oder wenn ich jemandem weh getan habe. Oder wenn ich Streit habe in der Familie oder in der Gemeinde. Oder, oder - da sind in unserem wirklichen Leben überall Gräben zwischen Menschen, Klüfte, Schluchten, die weh tun, die das Leben schwer machen und zerstören. Manchmal kann man wirklich nur noch kämpfen. Gräben, Schluchten, Klüfte.

Und da sagt mir doch dieser Predigttext so glatthin: Wenn jemand behauptet, er liebt Gott und lässt seinen Bruder, seine Schwester links liegen (nein, deutlicher: da ist von Hass die Rede!), der liebt Gott gar nicht in Wirklichkeit, der heuchelt und lügt, was seinen christlichen Glauben angeht. Das ist eine harte Rede. Denn genau genommen dürfte dann keiner von uns sagen, ich bin Christ und liebe Gott und glaube an Gott. Vielleicht kommt ja daher unsere heutige Scheu, unseren Glauben offen und öffentlich vor anderen Menschen zu bekennen? Vielleicht sind wir auch einfach unsicherer, angefochtener als früher, wo

Christsein irgendwie selbstverständlich war und jedenfalls zur bürgerlichen Existenz einfach dazugehörte? Manche von Ihnen haben das ja noch erlebt, ich ja auch: „geimpft, getauft und konfirmiert", wurde gewitzelt.

Aber nun denke ich, dass unser Predigttext zu der Zeit, als er geschrieben wurde, genau solche unsicheren, angefochtenen Menschen angeredet haben muss, wenn er von der Liebe zu Gott und zu den Menschen spricht. Christsein war nie ein Zuckerschlecken, auch und gerade damals nicht. Aber eben heute auch nicht. Denn beides - Liebe zu Gott und Liebe zu den Menschen ist ja nicht einfach. Nein, es ist schwer und scheint manchmal fast unmöglich. Deshalb denke ich, wir sehen uns unseren heutigen Predigttext jetzt genauer an und fragen uns dabei, ob er uns beim Christsein irgendwie weiterhelfen kann.

Also zuerst: Liebe, was ist das eigentlich? „Furcht ist nicht in der Liebe", sagt unser Text - also da ist zum Beispiel schon mal nicht Verliebtsein gemeint, als Verliebter hat man ja immer noch die Angst, da könnte was schief gehen! Gemeint ist auch nicht „die Liebe ist eine Himmelsmacht", so als Zuckerguss über einen ansonsten nicht so wohlschmeckenden Lebenskuchen. Seltsam nüchtern und ernst wird hier über Liebe geredet. Und ziemlich umfänglich – deshalb nehme ich jetzt ein paar Punkte davon vor. Fünf Punkte nehme ich heraus, da ist zwar noch viel mehr drin, aber fürs erste wird das reichen.

Also (1.): Liebe ist dann „vollkommen bei uns", sagt unser Text, wenn wir „Zuversicht haben am Tage des Gerichts". Das meint natürlich das Endgericht, wenn wir alle vor Gott stehen als offene, aufgeschlagene Bücher und auch noch das Verborgenste in uns aufgeschlagen wird. Aber auch schon der eigene Rückblick aufs Leben kann das sein. Da würde vermutlich genau das herauskommen, dass keiner von uns wirklich sagen kann, ich bin oder war ein Christ oder ich war ein guter Mensch. Sind wir auch nicht, das weiß ja heute schon eigentlich jeder von sich selbst. Man bemüht sich, aber der Erfolg bleibt bescheiden. Trotzdem: „Zuversicht" sollen wir haben, also „Zutrauen zu uns selbst", „Freimütigkeit", „Freudigkeit", „Herzlichkeit", Offenheit" (das alles heißt das Wort, das da im Griechischen steht), das alles ist in der Liebe - und das am Tag des Gerichts vor dem Weltenrichter und jetzt schon, heute, bei einem selbst. *Liebe hat keine Angst,* nicht vor Strafe im jüngsten Gericht, und nicht vor Gräben, Schluchten und Klüften in unserem Leben heute. Und vor allem: Liebe ist offenbar möglich. Hier ist also wirklich und wahrhaftig gesagt, es gibt eine Möglichkeit, die Unüberbrückbarkeit von Trennungen, diese Kluft zwischen den Menschen zu ändern, an Brücken zu bauen, und das mit Erfolg.

(2.) Wie kann das zugehen? Denn das ist ja nun erstmal einfach nur eine Behauptung. Wir sind doch nicht auf einmal wie mit Zauberschlag andere Menschen! Nein, das nicht. Aber: „Wir haben erkannt und geglaubt die Liebe, die *Gott* zu uns hat". Man muss sich das von Zeit zu Zeit immer wieder wirklich klarmachen: So wie wir sind, so schwach und widersprüchlich und aggressiv und boshaft auch - erstmal gilt: Gott liebt uns, er hat uns ins Leben gesetzt, er will uns und freut sich über uns, dass wir da sind, und er leidet mit uns. „Gott ist Liebe", ein glühender Backofen voller Liebe, wie Luther das mal ausgedrückt hat. So unwiderstehlich heiß wie ein steinerner Bauernbackofen, den man nicht löschen kann, wenn er mal im Gang ist, so ist Gottes Liebe zu uns. Er hat uns lieb. Wie ein Vater oder eine Mutter die Kinder.

Was bedeutet das? Dafür gibt es ein gutes, ganz irdisches Beispiel: Wir wissen das doch heute endlich von der Kindererziehung, und das gilt auch für uns Erwachsene: Wer als Kind angenommen wird, wer von seinen Eltern geliebt wird, so wie er/sie ist - der entwickelt auch selbst Freude am Leben, kann Zuneigung empfinden und auch selbst Liebe weitergeben, Liebe üben. *Wir sind Angenommene bei Gott.*

(3) Angenommene, Geliebte sind wir, jeder einzelne von uns, alle Menschen, nicht nur die Christen. Jede und jeder ist ein geliebtes Kind Gottes, so erwachsen wir auch sein mögen, so bitter und so mangelhaft wir unser Leben auch erleben. Und als wollte unser Text den so naheliegenden Zweifel gleich aufnehmen, dass Gott doch so weit weg ist und dass man ihn nicht spürt und dass er überhaupt nur ein Wort ist, heißt es gleich anschließend: „...denn gleichwie er ist, so sind auch wir in dieser Welt". Also nicht war oder wird sein, sondern ist. *Gott ist in dieser Welt*, nicht fern im Himmel. Der kennt das alles! Wie kann man das verstehen? Nun, das ganze Neue Testament und besonders das Evangelium und die Briefe des Johannes bestehen leidenschaftlich darauf, dass Gott eben nicht im Himmel geblieben, sondern in dem Menschen Jesus von Nazareth in die Welt hineingekommen ist. Und was wir einem unter Jesu Brüder und Schwestern (und das ist jede und jeder von uns!) an Liebe, Freundlichkeit und Zuneigung tun, das tun wir ihm. Und was uns in unserem eigenen Leben an Liebe und Lebenshilfe von Menschen

zukommen mag, das kommt von ihm. Luther hat ja sogar mal in einer ernsthaften Rede gesagt, dass wir „einander zu Christussen werden" sollen - und dass wir das können!

Also: „Einander zu Christussen werden". Das kann man lernen. Das muss man sogar immer wieder und immer weiter lernen. Das kann man sogar probieren und dann geradezu trainieren - *„Liebe üben"* sagen wir in einer Redensart, aber diese Redensart sagt genau das Richtige. Ja, wie ein Sportler Lust hat an seinem Training, weil er irgendwie findet, dass sich das lohnt und dass es ihn glücklich macht, auch wenn er sich „quält", so will uns Jesus auf diese Lebensbahn des Liebe-Übens mitnehmen - weil er findet, dass sich das lohnt und dass das sogar Lust und Freude macht. „Die Liebe ist ins Gelingen verliebt", sagte Dorothee Soelle, und darum entwickelt sie Ideen und Phantasie. Liebe meint den ganzen Menschen, mit seinem Gefühl, mit seinem Verstand. Liebe ist deshalb auch Arbeit, aber sie ist zäh und bleibt bei der Sache, wie eben ein Sportler.

Und schließlich: *Liebe verlangt nicht das Unmögliche*, sondern sieht nach, ob ich nicht doch noch selber etwas tun kann, denn Zuversicht und Selbstvertrauen kann sie sich ja leisten. Und Liebe will damit nicht allein bleiben, in der Gemeinschaft „trainiert" es sich besser als allein. Und schließlich: Liebe hat Zeit; was heute noch nicht gelingt, kann morgen vielleicht besser gelingen. Sie überfordert sich eben *nicht* selbst. In Gottes Gesellschaft herrscht nicht die Leistungsgesellschaft, da gelten andere Gesetze. Denn wir sind schon Angenommene, dies tiefe Lebensproblem ist gelöst, dahinter brauche ich nicht mehr herzujagen. Das alles glauben und erkennen zu lernen, das ist auch eine Arbeit der Liebe. Resignation *ist* überwindbar, ja, genau das auch glauben und erkennen zu lernen, das lohnt sich sehr! Sich daran immer wieder erinnern zu lassen, das brauchen wir. Das ist die eigentliche, tiefste Botschaft unseres heutigen Predigttextes.

Wenn wir uns auf dies Lernen einlassen, dann werden wir auch immer besser lernen können, was es heißt, mit den Gräben und Schluchten zwischen arm und reich so umzugehen, dass niemand mehr gänzlich unter die Räder kommt – nicht hier bei uns und nicht in der weiten Welt. Und auch lernen können, in unserem persönlichen Umfeld Gräben zu überbrücken und die über Jahre hin vielleicht sogar versanden und verlanden zu lassen.

Nichts muss so bleiben wie es ist, auch wenn wir immer mal wieder nicht sehen, wie es anders werden kann. Die Liebe sagt: Es ist viel mehr möglich, als unsere Furcht uns weismachen will. Ja, „Gott ist Liebe und wer in der Liebe bleibt, der bleibt in Gott und Gott in ihm".

Der Friede Gottes, der höher ist als unsere Vernunft und sie kräftigt, der tiefer ist als unsere Angst und sie aushalten und überwinden hilft, der stärke und bewahre uns - zum Leben.

AMEN.

Jesus Teenager
Auferstehungskirche HH-Lurup, 10.01.1999

Lukas 2, 41-52:
Und seine Eltern gingen alle Jahre nach Jerusalem zum Passafest. Und als er zwölf Jahre alt war, gingen sie hinauf nach dem Brauch des Festes. Und als die Tage vorüber waren und sie wieder nach Hause gingen, blieb der Knabe Jesus in Jerusalem, und seine Eltern wussten's nicht. Sie meinten aber, er wäre unter den Gefährten, und kamen eine Tagereise weit und suchten ihn unter den Verwandten und Bekannten. Und da sie ihn nicht fanden, gingen sie wieder nach Jerusalem und suchten ihn. Und es begab sich nach drei Tagen, da fanden sie ihn im Tempel sitzen, mitten unter den Lehrern, wie er ihnen zuhörte und sie fragte. Und alle, die ihm zuhörten, verwunderten sich über seinen Verstand und seine Antworten. Und seine Mutter sprach zu ihm: Mein Sohn, warum hast du uns das getan? Siehe, dein Vater und ich haben dich mit Schmerzen gesucht. Und er sprach zu ihnen: Warum habt ihr mich gesucht? Wisst ihr nicht, dass ich sein muss in dem, was meines Vaters ist? Und sie verstanden das Wort nicht, das er zu ihnen sagte. Und er ging mit ihnen hinab und kam nach Nazareth und war ihnen untertan. Und seine Mutter behielt alle diese Worte in ihrem Herzen. Und Jesus nahm zu an Weisheit, Alter und Gnade bei Gott und den Menschen.

Liebe Gemeinde,

"Alle Jahre gingen seine Eltern hinauf nach Jerusalem zum Osterfest", zum Passahfest, diesem jährlichen jüdischen Kirchentag. So fängt die Erzählung vom "Zwölfjährigen Jesus im Tempel" an. Die Weihnachtsgeschichte ist

vorbei. Die Engel haben ausgesungen, auf dem Feld hüten die Hirten wieder ihr Vieh, die drei Weisen sind zurück in ihren Ländern, der brutale König Herodes hat seinen politischen Kindermord durchführen lassen, dieser taktischen Säuberungsaktion zur Herrschaftssicherung ist das Kind durch vorübergehendes Exil der Familie in Ägypten entgangen.

Das ist Vergangenheit. Seitdem ist Alltag in Nazareth, so stellen wir es uns vor. Jahrelanger Alltag, Kinder- und Jugendjahre Jesu, von denen uns nichts überliefert ist, so wie auch unser eigener Alltag kaum etwas bedeutet für die Weltgeschichte. Nur diese eine Erzählung aus der Jungenzeit von Jesus haben wir, von der man nicht recht weiß, ob sie nicht eine späte Legende ist, erzählt von solchen, die im Rückblick von dem heranwachsenden Jungen gern auch noch etwas wissen wollten. Sonst hören wir erst etwas vom erwachsenen Jesus. Doch diese Geschichte aus der Zwischenzeit hat es in sich. Also wollen wir nicht danach forschen, ob sie historische Wahrheit erzählt oder fromme historische Phantasie. Sondern lasst uns in die Geschichte hineinhören, was sie uns erzählen will.

Hintergrund also jahrelanger normaler Alltag. Erst als Jesus zwölf Jahre alt ist, geschieht etwas: Er darf mit nach Jerusalem auf das hohe Fest, zum ersten Mal wird er in den jährlichen feierlichen Brauch der Erwachsenen mit hineingenommen, mit zwölf war man als jüdischer Junge soweit. Wie dieser Junge das aufgenommen hat, wissen wir nicht, - hat er sich gefreut, war er gespannt, war er aufgeregt? Nichts davon. Auch vom Fest mit seinem Trubel wird nichts erwähnt; wie es da zuging, das wussten die damaligen

Leser und Hörer. Erst am Ende wird es dramatisch. Erst da beginnt auch die eigentliche Erzählung. Und diese Erzählung ist doppelbödig. Sie hat mehrere Ebenen, mindestens zwei. Ich fange an mit der Ebene, die uns vielleicht am nächsten liegt, ich nenne sie „die Erziehungsgeschichte".

Dieser Zwölfjährige, ein Teenager am Anfang seiner Pubertät, ist offenbar ein unternehmender Vertreter seiner Gattung, selbständig, eigensinnig, experimentierfreudig und leichtsinnig, so wie Teenies eben sein können. Im Gewühl des Passahfestes ist er plötzlich einfach weg und geht seinen eigenen Interessen nach. So wie Jugendliche und Erwachsene auf einem Kirchentag ganz Unterschiedliches interessant finden. Und diese Eltern halten ihren Sohn nicht fest, ganz ruhig gehen sie davon aus, er wird schon bei unseren Leuten sein (wohl zusammen mit anderen Jugendlichen). Herrlich normal alles, Jesus hat wirklich erwachsene Eltern! Doch als die ihn auf der Rückreise bei den anderen aus Nazareth doch nicht finden, da wird der Junge plötzlich zum Sorgenkind, das ihnen Angst und Schmerzen macht - ist ihm etwas passiert? - und es folgt ein tagelanges Suchen. Drei Tage lang suchen sie ihn, das muss man sich vorstellen, drei Tage und Nächte in der großen, unübersichtlichen Stadt! Und als sie schließlich im Tempel vor ihm stehen, da sagt doch dieser Zwölfjährige mit der schönen Selbstverständlichkeit seines Alters „wieso sorgt ihr euch denn, ich muss doch hier sein, es ist doch alles in Ordnung". Starker Tobak! Aber das Schönste an dieser Erziehungsgeschichte ist, dass sie nun nicht in einer Schrei- und Prügelszene endet. Der Junge hat ja seinen Eltern nicht nur Sorgen gemacht, er hat doch auch noch die damals heilige Eltern-Kind-Ordnung auf den Kopf gestellt! Wir heute haben es vielleicht nicht so schwer, das zu interpretieren: Der Junge hat, wie so etwas in diesem Alter öfter geschieht - seine eigene Welt probiert. Undenkbar damals! Aber trotzdem keine Prügel, kein Geschrei. Die Eltern äußern ihren Schmerz und ihre Vorwürfe, ja. Aber der Junge kann das offenbar annehmen, ohne weiteren Protest: *"Er ging mit ihnen hinab und kam nach Nazareth und war ihnen untertan"*. Und die Eltern? *"Seine Mutter behielt alles dies in ihrem Herzen"*. Großes Aufatmen, beide Seiten haben etwas gelernt. Die Eltern tragen ihr Kind und seine Zukunft mit - in ihren Herzen, ohne ihm etwas nachzutragen. Ja, das genau ist Elternsache und Eltern-Arbeit, so kann ein Heranwachsender sich auf dem Weg in sein eigenes Leben angenommen fühlen, sich auf sein Zuhause verlassen - seine Zeit abwarten und weiter wachsen bis zum eigenen, wirklichen Erwachsensein. Da ist etwas ganz tief geglückt. Diese Erziehungsgeschichte ist eine Glücksgeschichte!

Man könnte einwenden, es sei unzulässig, heutige Pädagogik in diese Geschichte hineinzulesen. Ich glaube, dass es richtig ist, das zu tun. Auch habe ich ja jetzt nur die "Erziehungsgeschichte" erzählt. Hier sind aber mindestens zwei Geschichten in eine Erzählung verschmolzen. Einmal also die Geschichte von dem Zwölfjährigen, der seinen Eltern einen tödlichen Schrecken einjagt und wie gut die damit umgehen.

Aber zum anderen ist das eben auch die Geschichte von Jesus, dem Christus, wie er dabei ist, zu lernen, sich kennen zu lernen. Die nenne ich jetzt vorläufig „Die Geschichte von Gottes Plan". Denn es ist ja Gottes Plan, der in dieser menschlich-irdischen Erziehungsgeschichte durchscheinen soll und der diese

Geschichte prägt. Auch das Glück der Erziehungsgeschichte! Wir gehen die Erzählung noch einmal
durch: Dass Maria *"alles dies in ihrem Herzen behält und
bewegt"*, schon mit diesem Nachklang der
Weihnachtsgeschichte macht die Erzählung deutlich,
dass hier noch etwas anderes los ist als nur vorbildliche
erzieherische Vernunft und Liebe. In dieser
menschlichen Liebe der Mutter leuchtet ein Abglanz
der göttlichen Liebe auf, die Liebe Gottes selbst, die mit
diesem Jungen etwas vorhat. Etwas, das die ganze Welt
betrifft, bis hin zu uns. Und weiter: Ganz entschieden
sagt dieser Zwölfjährige im Tempel, er sei *"in dem, das
seines Vaters ist"*. Die Gelehrten dort *"wundern sich
seines Verstehens und seiner Antworten"*. Und von den
Eltern wird gesagt, *"als sie ihn sahen, entsetzten sie sich"*.
Das sind Töne, die wir aus den späteren
Jesuserzählungen kennen: Das Sich-Wundern und das
Entsetzen bricht überall da auf, wo der erwachsene
Jesus geradeaus und selbstverständlich ernst macht mit
dem Vertrauen in seine Botschaft. Da, wo er die
radikale, unergründliche Liebe Gottes verkündet und
sie in seinen Taten auslebt, in Gleichnissen, beißenden
Streitgesprächen, bei Heilungen und Speisungen. Und
da, wo er die Unmenschlichkeit menschlicher
Ordnungs- und Machtvorstellungen aufdeckt, sie
durchbricht und Konflikten dabei nicht aus dem Weg
geht. Das alles scheint in der Erzählung vom
Zwölfjährigen schon durch, und so wird uns zu
verstehen gegeben: Mit diesem Jungen hat Gott etwas
vor. Mitten im Alltag seines Heranwachsens blitzt sein
späteres Leben schon ganz und gar deutlich auf - für
ihn selbst und für den, der Augen hat zu sehen und zu
hören. Auch die Schmerzen und das Leiden seiner
Geschichte sind schon anwesend - hier noch in den
Schmerzen und dem Leiden seiner Eltern. In die

Erziehungsgeschichte des Jungen Jesus aus Nazareth und seiner Eltern ist die Geschichte Gottes mit seinem Sohn Jesus Christus untrennbar hineingewoben. In dieser menschlichen Lebensgeschichte mit ihrem Glück und mit ihrem Leiden geschieht Gottes Geschichte, so wächst sein Plan mit der Menschheit in diese Welt hinein.

Und deshalb gibt es schließlich noch eine dritte Ebene dieser Erzählung. An Weihnachten fühlen wir uns ja ganz unmittelbar immer wieder mit-gemeint, und ganz zu Recht, denn wir sollen uns ja mitgemeint wissen: "Euch ist heute der Heiland geboren". Wo das aufklingt, da spüren wir im Gefühl irgendwie immer mit: Das meint auch mich, auch uns heute. Aber genauso versichert uns auch die Erzählung vom zwölfjährigen Jesus: Es gibt die Geschichte Gottes mit allen Menschen auf dieser Welt, mit jedem Menschen - das ist verbürgt in der Geschichte Gottes mit dem einen Menschen Jesus von Nazareth. Und es ist darum, dass wir ihn bekennen als Gottes Sohn, als Heiland der Welt. In, mit und unter dem Alltag hat die Geschichte Gottes mit diesem einen damals begonnen. Mit Geburt, Kindheit und Erziehung, Erwachsen-werden und Erwachsen-Sein, bis zu seinem Ende am Kreuz des Staatsverbrechers. Und schließlich der Botschaft von seiner Auferstehung. In, mit und unter unserem Alltag geschieht Gottes Geschichte auch mit jedem von uns. In, mit und unter Geburt, Kindheit und Erziehung, Erwachsenwerden und Erwachsen-Sein. Und so fort, bis wir nach Leid, Schmerzen und auch Glück an unserem Ende in die Arme der tiefsten und unergründlichsten Liebe fallen, die es gibt.

Manchmal scheint in unserem Leben etwas durch von einem "Plan Gottes". Viel öfter aber scheint es ganz anders, Leiden und Sinnlosigkeit nehmen überhand. Für mich selbst rede ich deshalb nicht so gern von einem "Plan Gottes", denn den kennt nur er selbst. Ich spreche lieber von dem "Weg", den Gott mit jedem von uns geht. Daran versuche ich mit aller meiner Kraft zu glauben, dass Gott das will und dass er das tut, auch wenn ich manchmal wirklich nur einen Tag weit vor- und zurücksehen kann. Aber wenn einmal etwas klarer wird - im Rückblick oder auch nach vorn - oh Glück, ist das schön, wenn etwas *klar* wird, das tut gut! Es geschieht nicht so oft, aber es geschieht.

Die Erzählung vom Zwölfjährigen Jesus ist mir deshalb lieb und wert. Denn ich kann sie lesen als die Geschichte von der Station auf einem Weg - vorher und nachher bleibt vieles offen. Aber diesem Zwölfjährigen blitzt in dieser Erzählung Klarheit über seinen Weg, seinen Lebenssinn auf. Was für ein Glück! Auch ein Stück liebe- und leidensvoller Erziehungsweisheit kann ich an ihr ablesen. Die Eltern fühlen mit, was ihrem Sohn da widerfahren ist und tragen ihn. Später wird er seinen Weg ganz allein gehen und auch sein Kreuz selbst tragen.

Ich wünsche uns auf unserem Weg von Zeit zu Zeit das Glück der Gewissheit, das Wunder des Verstehens, jedem und jeder von uns auf seinem, auf ihrem Weg, in, mit und unter unserem Alltag. Gewissheit für unserem Weg in Jesu Nachfolge. Gewissheit über den Sinn unseres Daseins, trotz aller Schmerzen, Leiden und trotz aller scheinbaren Sinnlosigkeit. Jedem von uns kann das Glück der Gewissheit beschert werden. Das ist uns versprochen. Ich glaube fast, dieser kleine freche Zwölfjährige will uns provozieren: dahin, dass wir begreifen: Gott braucht uns für diese Welt. Gott braucht uns, des soll ich gewiss werden, mitten in aller Ungewissheit unseres Daseins in dieser unfriedlichen Menschenwelt. Sie ist Gottes Welt, und wir "sind in dem, was unseres Vaters im Himmel ist". Gott ist auf unseren Wegen immer dabei mit seiner Liebe. Auch wenn wir's nicht sehen: Er ist da für uns.

AMEN.

Nicht viele Große
Auferstehungskirche HH-Lurup, 09.01.2000

1. Korinther 1, 26-31:
Sehet an, liebe Brüder, eure Berufung: Nicht viele Weise nach dem Fleisch, nicht viele Mächtige, nicht viele Edle sind berufen. Sondern was töricht ist vor der Welt, das hat Gott erwählt, damit er die Weisen zuschanden mache. Und was schwach ist vor der Welt, das hat Gott erwählt, damit er zuschanden mache, was stark ist. Und das Unedle vor der Welt und das Verachtete hat Gott erwählt, das da nichts ist, damit er zunichte mache, was etwas ist. Auf dass sich vor Gott kein Fleisch rühme. Durch ihn aber seid ihr in Christus Jesus, welcher uns gemacht ist von Gott zur Weisheit und zur Gerechtigkeit und zur Heiligung und zur Erlösung, auf dass, wie geschrieben steht, "wer sich rühmt, der rühme sich des Herrn".

Liebe Gemeinde,

Paulus schreibt an die Menschen der christlichen Gemeinde in Korinth im antiken Griechenland. Diese Gemeinde war eine reiche Gemeinde, materiell reich, geistlich reich, also mit einem blühenden Gottesdienstleben, mit reicher Armenfürsorge, in Vielem vorbildlich. Auch streitbar, fröhlich, selbstbewusst. Einfach eine Freude, das zu sehen. Paulus erzählt am Anfang seines Briefs an diese korinthische Gemeinde ausdrücklich von seiner Freude über sie.

Aber wie es so geht unter den Menschen, wo viel Licht ist, da gibt es auch Schatten. Wo was Tolles ist, wo was geleistet wird, wo Erfolg erzielt wird, da entsteht schnell auch ein stolzes Selbstbewusstsein. Und das verengt dann oft den eigenen Blick, da entsteht Härte nach außen, da fühlen sich andere ausgeschlossen, weggeschoben, oder unterdrückt. Und da stehen auch interne Streitigkeiten auf, interne Herrschaftsstrukturen entstehen. Wie von selbst gelten bald die einen mehr als die anderen, die einen haben Macht, die anderen nicht, und das wird dann bald sogar selbstverständlich, man gewöhnt sich daran. Und das in der Kirche, unter den Brüdern und Schwestern Jesu Christi. Also auch das ist die christliche Gemeinde in Korinth, im sonnigen, antiken Griechenland. Paulus freut sich - noch einmal sei es gesagt - er freut sich über das Licht dieser Gemeinde, aber er sieht auch die Schatten. Und vermutlich sind die Schatten der Grund, dass Paulus den Korinthern überhaupt schreibt.

In einem solchen Fall würden wir wohl erwarten, dass es nach dem anfänglichen freundlichen oder auch nur höflichen Ausdruck der Freude weitergeht mit Kritik, mit Anklagen, mit Polemik und Ermahnungen, vielleicht sogar mit Drohungen. Das wäre eine normale Reaktion auf Ärger mit einer Gemeinde. Nun finde ich es schon interessant, dass Paulus nicht so arbeitet. Er macht es anders, das finde ich spannend an diesem Brief-Stück, und das möchte ich mit Euch gemeinsam nun verfolgen. Dazu lese ich den Text noch einmal, nun in einer leise modernisierten Sprache:

„Seht euch doch um unter euch, ihr, die ihr Christen sein wollt: Da sind nicht viele, die als klug oder schlau oder schön oder weise gelten. Da sind nicht viele Mächtige, nicht viele gesellschaftlich Angesehene dabei. Sondern was in den Augen der normalen Welt töricht ist, das hat Gott berufen, damit er die Weisen, Schönen, Klugen und Angesehenen beschäme. Und was in den Augen der normalen Welt schwach ist, das hat Gott berufen, damit er die Starken und Mächtigen beschäme. Und was in den Augen der Welt gering und verachtet ist, das hat Gott erwählt. Also das was nichts ist. Damit er beschäme, was etwas ist. (Und warum das?) damit sich kein Mensch vor Gott dessen rühme, was er ist. (Denn) durch ihn, durch Gott also, seid ihr mit Christus Jesus verbunden, den hat Gott für uns zur Weisheit gemacht, zur Gerechtigkeit, zur Heiligung, zur Erlösung, zur Befreiung. So wie beim Propheten Jeremia geschrieben steht (9,22-23): "Wer sich rühmt - der rühme sich des Herrn".

Drei Gedankenschritte kann ich sehen, die Paulus mit seinen Lesern zu gehen versucht. Und wir versuchen sie nachzugehen.

Sein erster Schritt ist eine kalte Dusche! Guckt euch doch mal um, wer seid ihr denn wirklich? So toll seid ihr nun auch wieder nicht. Ihr Erlösten, messianischen, reichen Christen, okay, okay, aber vergleicht euch doch mal mit eurer Umgebung. Und zwar realistisch. Sieht ein bisschen mager aus, oder? - Was tut also Paulus? Er führt das überstiegene Selbstbewusstsein seiner korinthischen Geisteshelden erst mal wieder an die Realität heran. Herunter auf den Boden der Tatsachen. Vielleicht schmerzhaft, vielleicht peinlich - aber überaus gesund finde ich das.

Denn christlicher Glaube ist nicht etwas Abgehobenes, nichts religiös Besonderes. Christen sind in der Regel höchst normale Leute, die Spitzen der Gesellschaft gehören nur selten dazu. Also: Kommt zu euch, ihr Enthusiasten; bleibt auf dem Teppich; bildet euch nichts Falsches ein. Erster Schritt also: Realitätsblick öffnen. Guckt mal hin !

Nun der zweite Schritt des Paulus: Jetzt wird es wichtig, dass wir genau sind. Paulus dreht die Sache nicht einfach um. Also nicht das Törichte, das Niedrige, das Demütige, das Unterdrückt-Sein, das Leiden, das Schwache als solches wird zum Zeichen der Berufung. Das alles wird nicht romantisiert, da wird nichts zum Zeichen besonderer religiöser Berufung erhöht! So ist das leider oft missverstanden worden. Dann kann es aber ebenso schrecklich werden in der Kirche, wenn nun nicht mehr geistliche Höchstleistungen, mystische Religiosität und Weisheit obenan stehen im kirchlichen Ansehen, sondern wenn nun Niedrigkeit und Leiden glorifiziert oder mystifiziert werden, wenn Demut zum Dogma wird, denn dann werden Schmerzen gar nicht mehr real wahrgenommen, vor allem nicht die Schmerzen der anderen. Dann wird Törichtes, Dummes gar nicht mehr real als dumm und töricht wahrgenommen, vor allem nicht die eigene Torheit und Dummheit, sie erscheint ja als religiös oder durchs Amt gerechtfertigt.

Was Paulus aber meint ist: Dies normale, oft schlimme und schmerzliche Leben, also die ganze Realität von uns Menschen, *die* hat Gott angenommen und berufen. Also uns Menschen, so wie wir sind, egal, ob hoch oder niedrig, die hat er erwählt. Wir sind gleich vor Gott, jeder Mensch ist wichtig. Warum geht Gott so mit uns um? Damit es anders werden kann auf dieser Erde, damit wir anders werden können. Damit *wir* uns lösen lernen von den vermeintlich so selbstverständlichen Mechanismen und Maßstäben von Macht, Herrschaft, Eitelkeit, Schönheit, Stärke, Leistung - und so weiter und so weiter. Denn das alles wird von Gott "beschämt", wie Paulus sagt, entlarvt als falsch, unmenschlich, ungesund, unwürdig. Es wird beschämt durch Gottes „Berufung", sein Annehmen der wirklichen Realität. Diese Realität, die sich ganz oft selbst wie nichts vorkommt, die hat Gott erwählt. Damit er die falschen, unmenschlichem Maßstäbe "beschämt", die dies 'Nichts' bewirken, und das heißt: dass er sie entlarvt und bloßstellt, so dass wir ihnen nicht mehr unterworfen sein müssen. Denn dessen ist sich Paulus ja bewusst: Schielen danach - mindestens! - tun wir alle. Mindestens immer mal wieder, wenn nicht sogar immer öfter. Schön und reich sein, und dann damit angeben können, wer kennt das nicht von sich. So fremd sind uns die Menschen von damals also nicht. Und Paulus ist ein guter Menschenkenner und Theologe.

Paulus geht noch einen dritten Schritt: Es dreht sich um das Wort "rühmen". Kein Mensch soll sich vor Gott dessen "rühmen", was er ist , was er darstellt, heißt es. Wieso ist das wichtig? Weil es in uns Menschen drinsteckt, dass wir uns an Schönheit, an Leistung freuen, dass Macht und Stärke uns beeindrucken, dass Weisheit, Klugheit und Ansehen uns faszinieren. Wir Menschen wollen unserem Leben einen Sinn geben, wir stellen uns gern dar, wir leisten und konkurrieren. Dann entsteht die Gefahr, dass wir Idolen nachlaufen und uns die zu Vorbildern nehmen. "Komisch, der Mensch braucht das wohl", sagte mir eine nachdenkliche alte Frau. Seltsam, ja. Und dann "rühmen" wir uns dessen - und können darüber leicht und schnell alles Maß verlieren.

Aus diesem "Rühmen" über das, was etwas *ist* , oder doch vielleicht ist, daraus entsteht immer wieder auch viel Unglück und Unmenschlichkeit in dieser Welt.
Und deshalb heißt es nun: "Wer sich rühmt (und irgendwie steckt das in uns drin, dass wir das geradezu

müssen!) - der rühme sich des Herrn". Das ist heilsam. Das gibt eine gesunde Richtung. Weil: So können wir uns lösen aus vielen Mechanismen, die in unserer Gesellschaft herrschen. "Denn durch Gott sind wir mit Christus Jesus verbunden. *Den* hat Gott für uns zur Weisheit gemacht, zur Gerechtigkeit, zur Heiligung, zur Erlösung, zur Befreiung", so sagt es Paulus. Hier lernt man andere Maßstäbe kennen. Die kann man lernen, vielleicht sogar gemeinsam üben und trainieren, gegen die Maßstäbe der Gesellschaft an. Und damit glücklicher leben und dem Frieden dienen. *Das* will Paulus seinen geliebten Korinthern nahe legen, zeigen, sie dazu überreden.

Drei Schritte waren es: Zuerst die kalte Dusche: Guckt mal die mickrige Realität an. Dann: Armut und Niedrigkeit sind aber nicht als solche das Neue der Christen, dann wird alles falsch. Sondern mit der Berufung des Niedrigen, des Schmerzlichen, ja, des Normalen durch Gott werden die falschen Maßstäbe unserer Gesellschaft "beschämt". Denn schließlich: "Rühmen" gehört offenbar zum Menschen - aber dann bitte: Rühmt euch des Herrn, der mit Jesus Christus neue, gesündere, lebendige und lebenswertere Maßstäbe in die Welt gesetzt hat, und versucht es, damit zu leben und rühmt euch dessen, dass ihr das versucht. Die christliche Gemeinde ist eine Gemeinschaft derer, die dies versuchen..

Das könnte zum Beispiel heißen, dass wir versuchen, einander in Augenhöhe zu begegnen. Ob im Berufsleben oder privat, ob in der Politik, in der Familie oder unter kirchlichen Mitarbeitern, immer gilt diese Regel auf zweierlei Weise. Erstens: Auch wenn jemand anderes mit seiner Aufgabe schrecklich versagt hat, bleibt er ein Mensch, den dieselbe Versagensangst peinigt, die auch ich kenne. Zweitens: Auch wenn umgekehrt jemand seinen Lebensweg mit einer Erfolgsserie krönt und ich dabei die ganze Zeit im Unglück hocke, ist deshalb mein Leben nicht weniger wert als seines.

Wir haben Epiphanias-Zeit, Erscheinung heißt es: Jesus erscheint, als der, der er ist. Weihnachten mit seinen großen Verheißungsworten ist noch nicht lange her. Da war Jesus ein Kind, und das rührt uns jedes Jahr immer wieder neu tief an. Das steckt also auch in uns Menschen drin, wir sind berührbar! Später, als Erwachsener hat Jesus Menschen gesammelt, sie aus dem grauen Alltag herausgeholt und in eine neue Welt gerufen, in die Welt Gottes, die an Weihnachten verkündigt wurde. Diese neue Welt, dies Gottesreich, das gekommen ist mit Jesus, das besteht zunächst nur aus dieser Gemeinschaft seiner Schwestern und Brüder, die einander achten, sich gegenseitig auf den Weg helfen und sich so den Ansprüchen der Mächte, der Strukturen und der Mächtigen entziehen. Ihr Zeichen ist, wenn es ihnen gelingt, dass sie miteinander teilen, dass sie Frieden stiften, dass sie Freude verbreiten und anderen helfen. Also dass sie zeigen: Es geht anders, und es ist gut so. Darum muss zuzeiten auch gekämpft werden. Aber so erfahren sie - und andere mit ihnen - anfangsweise, wie menschliches Leben sein kann, wenn man nicht mehr den Götzen des Todes folgt, sondern dem Gott des Lebens. Das können wir auch erfahren.

Und der Friede Gottes, - der höher ist als unsere Vernunft und sie stärkt, - der Friede Gottes, der tiefer ist, als unsere Angst, und sie ertragen und überwinden hilft - der Friede Gottes bewahre unsere Herzen und Sinne in Christus Jesus.
AMEN.

Verklärung zur Klärung
Auferstehungskirche Hamburg-Lurup, 01.02.2000

Matthäus 17, 1-9:
*Nach sechs Tagen nahm Jesus zu sich Petrus und
Jakobus und Johannes, seinen Bruder, und ging mit
ihnen auf einen hohen Berg. Und er ward verklärt vor
ihnen, und sein Angesicht leuchtete wie die Sonne,
und seine Kleider wurden weiß, wie das Licht. Und
siehe, da erschienen ihnen Mose und Elia; die redeten
mit ihm. Petrus aber hob an und sprach zu Jesus:
Herr, hier ist für uns gut sein! Willst du, so wollen
wir hier drei Hütten machen, dir eine, Mose eine und
Elia eine. Da er noch redete, siehe, da überschattete sie
eine lichte Wolke. Und siehe, eine Stimme aus der
Wolke sprach: Dies ist mein lieber Sohn, an welchem
ich Wohlgefallen habe, den sollt ihr hören! Da das die
Jünger hörten, fielen sie auf ihr Angesicht und
erschraken sehr. Jesus aber trat zu ihnen, rührte sie an
und sprach: Stehet auf und fürchtet euch nicht! Da sie
aber ihre Augen aufhoben, sahen sie niemand als Jesus
allein. Und da sie vom Berge herabgingen, gebot
ihnen Jesus und sprach: Ihr sollt dies Gesicht niemand
sagen, bis des Menschen Sohn von den Toten
auferstanden ist.*

Liebe Gemeinde,

Menschen in früheren, bibelkundigeren Zeiten fanden
nichts dabei, dass Gott zu Menschen sprach. Wir
müssen solche Geschichten erst entschlüsseln – ich
erzähle sie noch einmal:
Jesus geht mit ausgewählten Jüngern auf einen Berg, in
die Einsamkeit, in die Stille. Das hat Jesus öfter getan.
Aber da platzt diesmal plötzlich ein großes
Visionsprogramm hinein: Jesus wird zu einer

blendenden Lichterscheinung, eine Stimme aus der Lichtwolke – also Gott selbst - erklärt Jesus zum Gottessohn. Das erschreckt die Jünger zutiefst. Doch Petrus, ausgerechnet Petrus! – der ergreift die Initiative, der will die Situation gleich festhalten: Feste Häuser, sicheres, ideales Dasein, in der Nähe von Gott. Auch feste Institution. Aber das funktioniert dann ja nicht, der liebe Petrus hat da (nicht zum ersten Mal) etwas grundlegend missverstanden. Alles ist auch wieder verschwunden, Jesus fasst die Jünger an, "fürchtet euch nicht". Und "behaltet das erstmal für euch". Heißt: Das wird Euch klarer werden, später. Muss erstmal wohl einfach auch sacken.

Was bleibt? Was ist den Jüngern da mitgeteilt worden? Eigentlich zunächst nur eine dürre Information: Jesus ist nicht irgend jemand, er ist Gottes geliebter Sohn. Das kann man in den Katechismus schreiben, ins kirchliche Dogma. Der Weg in das feste Haus der Kirche ist gebahnt – hat Petrus nachträglich also doch noch Recht bekommen?

Wenn man die Geschichte *nur* so erzählt, dann hat man vor allem eins übersehen: Es gibt weitere Stimmen auf dem Berg. Mose und der Prophet Elia treten auf. Mose, der Befreier Israels aus der ägyptischen Sklaverei und der grundlegende Gesetzesgeber Israels. Und Elia, der erste große Prophet Israels aus ganz früher, archaischer Zeit. Diese großen Gestalten des alten Israel "reden mit Jesus". Das heißt aber, sie nehmen ihn in ihre Gemeinschaft auf. Damit geschieht etwas: Jesus ist jetzt nicht nur Gottessohn, also himmlisch, er wird von diesen beiden Gestalten zugleich "ge-erdet", er wird an seinen Platz in der irdischen, menschlichen Geschichte Israels gestellt.

Verklärungsgeschichte nennen wir diesen Text – Verklärung, darin ist das Wort "klar" enthalten. So wie in Erklärung, Klärung, Verklarung. Da ist ab jetzt also offenbar etwas klar. Jesus gehört zu Mose. Das war derjenige, der das versklavte Volk Israel aus der Unterdrückung durch das ägyptische Riesenreich befreite und auf einem langen Weg durch die Wüste zum gelobten Land führte – und auf diesem Weg hat er seinem Volk die 10 Gebote Gottes gegeben, die Israel ein gutes, geordnetes und lebendiges Leben im Frieden ermöglichen sollten. Diese Gebote sind kein versklavendes Gesetz, sondern sie sind hilfreiche, deutliche, befreiende Wegweiser. Und Jesus gehört zu Elia – was heißt das? Das war der erste große, noch ganz archaische Prophet in der jahrhundertelangen Reihe der Propheten, die nun *in* Israel darum gekämpft haben, dass dies "gelobte Land" nicht seinerseits den Göttern des Mammons, den Göttern der Ungerechtigkeit, der Unterdrückung, der Verehrung von Macht, Krieg, Glanz und Reichtum anheim fiel. An diese kämpferische Geschichte wird Jesus angeschlossen, da ist sein Platz, und da ist auch der Platz seiner Jünger. Jesus ist Gottes lieber Sohn, das erzählt die Verklärungsgeschichte. Aber zugleich erzählt sie, dass der Freiheitsweg des Mose und der jahrhundertelange Kampf der Propheten um Gerechtigkeit durch Gott selbst bestätigt wird. *Das* ist heilsam, *das* ist recht, *so* soll es sein. Und - damit sagt sie, auf welchen Platz in der irdischen, geschichtlichen Wirklichkeit Jesus und seine Jünger gehören.

Und eben nicht nur Jesus. Sondern auch seine Jünger. Nach dieser „Verklarung", nach dieser Verklärungs- und Klärungsgeschichte gehören also auch wir, gehört die Kirche Jesu Christi in die Tradition der herrschaftskritischen, der sozialkritischen Propheten mit hinein. *Das* ist Gottes Wille. Und wenn sich die Kirche auf Jesus Christus beruft, dann gehört sie in diese Tradition und in keine andere. Das ist nach diesem Text sehr klar – und das kann einen schon erschrecken. Denn das ist angesichts der Geschichte, die diese unsere christliche Kirche im Lauf der Jahrhunderte an der Seite und auf der Seite der Mächtigen und Unterdrücker verbracht hat, schon etwas, das einen erschrecken und entsetzen muss. Aber es ist klar – auch das bedeutet diese Klärung: Diese Verklärungsgeschichte Jesu verklagt die Kirche auch. Und das nicht zu knapp. Es wäre eine pfäffische Unehrlichkeit, dies zu verschweigen.

Aber nun: Es wäre ebenso eine pfäffische, leere Rhetorik, wenn ich jetzt hier abbräche und mich und uns alle mit der christlichen, hoch-engagierten Ermahnung, "nun seid mal schön links, der liebe Gott will es so", aus diesem Gottesdienst verabschieden würde. Denn ich weiß doch auch, wie jeder von uns auch leidet unter den Ungerechtigkeiten und dem unsagbaren Unfrieden dieser Welt, und wie wir mit guten Gründen Angst haben deswegen. Und unsere erfahrungsreiche Resignation sagt doch auch ganz klar "isso", - das ist eben so und das bleibt so, dagegen ist nichts zu machen. Diese mächtige Geschichte der Ungerechtigkeit lastet schwer. Und dann duckt man sich eben irgendwie weg – sonst würde man doch schier verrückt.

Aber da *steht* nun dieser Text von der Verklärung Jesu, von seiner Verklarung hinein in den Kampf um die Gerechtigkeit in dieser Welt – und *der* Text steht mitten in unserem Neuen Testament. Wie kann ich das aushalten? Wie kann ich damit umgehen, dass ich da kaum mitkomme, und damit, dass dieser gleiche Gottessohn Jesus, den der allmächtige Gott seinen lieben Sohn nennt, wie kann ich damit umgehen, dass *er* - und vor und nach ihm so unendlich viele andere – *gescheitert* ist in diesem Kampf? *Was tun* angesichts des millionenfachen, blutigen Scheiterns Jahrhunderte lang? Ist Gott also unglaubwürdig? Oder ist er ein lustvoller Quälgeist, der uns mit irrealen Illusionen nur an der Nase herumführt?

Liebe Gemeinde, an dieser Frage sind schon ganz andere Denker und Grübler gescheitert. Sie quält mich, diese Frage, und ich will mich nicht anheischig machen, hier heute Vormittag im Talar und auf die Schnelle autoritativ eine Lösung für diese grundlegende menschliche Frage herzuzaubern.

Aber vielleicht kann ich einen ganz kleinen Beitrag dazu leisten, dass wir es vielleicht doch ertragen, dass wir vielleicht doch weitermachen, dass wir vielleicht doch den Mut finden, diese Befreiungsgeschichte fortzusetzen. Ich gehe von einer Erinnerung aus, die mich immer wieder beschäftigt hat. Unsere Väter und Großväter mussten in den Krieg ziehen und im Dienst ihrer jeweiligen Herren eine Uniform tragen. Und auf den Koppelschlössern ihrer Gürtelriemen stand „Gott mit uns". Man sollte gewiss sein, dass man auf der richtigen Seite stand - „Gott" war mit ihnen, sollte das heißen. Nur hatten sie ja ebenso uniformierte Gegner, auf die sie zu schießen hatten und die auf sie schossen - und auch die waren überzeugt, dass Gott auf ihrer Seite steht, „Good God" oder „Le Bon Dieu" sollte mit ihnen sein, auch sie sollten sich auf der richtigen Seite wissen. Von hinterher ist es jetzt leicht zu sagen, das war beide Male nicht Gott, für den sie sich gegenseitig bekämpften und starben. Das kann nicht Gott gewesen sein, Gott passt auf kein Koppelschloss ! Aber ich sage das mit Furcht und Zittern, denn unsere Väter auf beiden Seiten waren – ob sie es denn glaubten oder nicht – von diesen Koppeln gefesselt und mussten tun, was ihre Herren befahlen. Was hätten wir an ihrer Stelle getan? Und heute - welchem Gott oder welchen Göttern hängen wir heute an? Welche Gewissheiten halten uns gefangen? Worauf setzen wir? Auf welche Sicherheiten?

Da gibt es sicher vieles: Unsere Arbeitsstelle, unser Haus, unsere Wohnung, unsere Familie, ja, vielleicht auch unser Staat. Unsere freiheitliche demokratische Grundordnung, unser Grundgesetz, für das wir dankbar sein dürfen. Nach menschlichem Ermessen gibt uns das alles einige Sicherheit für unser Leben. Das ist nicht wenig – nur: „Gott mit uns" werden wir wohl heute auf keine Koppelschlösser mehr stanzen lassen. Könnte ja sein, dass wir dafür in unserem Land etwas zu sehr gebrannte Kinder sind.

Aber so gewiss bin ich dessen nicht, dass nicht wieder andere, neue Missbräuche, diesmal in anderem Gewande bei uns einreißen. Die Schere von arm und reich geht auseinander, es gibt viel Elend, für uns oft unsichtbar. Welchen Preis zahlen die Völker der sogenannten Dritten Welt für unseren Wohlstand, unseren Frieden? Und auch von unserem Land geht Gefahr für die Natur und unsere Lebenswelt aus. Und mit Grund wächst die Angst um unsere friedliche Zukunft. Wir brauchen neue Gedanken, neue Impulse und Mut für die Zukunft, sonst geraten wir auf neue Weise in alte Fesseln, nur sie sehen anders aus als früher. Woher kommt das immer lebendige Korrektiv, das uns ebenso in fruchtbare Unruhe bringt, wie uns einen gewissen Weg weisen kann? Immer wieder neu?

Könnte es nicht sein, dass wir zwar „Gott mit uns" nicht mehr sagen können, aber endlich lernen müssen „Wir mit Gott" zu sagen? Dass, um die Zukunft zu bestehen, Gottes zehn Gebote wieder eine nötige Richtschnur und befreiende Orientierung für unser Leben werden sollten, im Großen wie im Kleinen? Und dass wir die Bergpredigt Jesu ganz neu entschlüsseln müssen, um zu begreifen, dass „glücklich die Friedensstifter, denn sie werden Gottes Kinder heißen", um nur dies zu nennen, ein Stück Realpolitik bedeutet? Nicht mehr „Gott mit uns", aber wohl „Wir mit Gott" und seiner Wegweisung. Die brauchen wir. Und Gott braucht uns, denn „Gott hat keine Hände, nur unsere Hände", wie ein verzweifelt vertrauender Glaube sagt. Verzweifelt an unserer Sicherheit, vertrauend auf Gott. Wäre das ein Weg, der über das falsche „Gott mit uns" hinausführt? Ich möchte das glauben, mit aller meiner Kraft versuche ich das zu glauben.

Damit soll es für heute genug sein. Es wird wieder neue Fragen geben, die alten Fragen werden auch wiederkommen. Aber wir könnten auf einem Weg sein, der sie uns tragen hilft. Wir tragen sie nicht allein.
Und der Friede Gottes, höher als unsere Vernunft, und tiefer als unsere Angst, der bewahre unsere Herzen, unsere Sinne und unseren Verstand. Gott mache uns Mut, wo wir resignieren wollen. Er richte uns auf, wo wir fallen. Er bewahre uns vor Verzweiflung. Er tröste uns, wo wir trauern müssen. Er gehe vor uns her, um uns den rechten Weg zu zeigen. Er sei mit seinem Segen mit uns und über unserem Leben.

AMEN

Wer wirft den ersten Stein
Auferstehungskirche Hamburg-Lurup, 08.07.2001

Johannes 8, 3 – 11:
Schriftgelehrte und Pharisäer brachten eine Frau zu
Jesus, beim Ehebruch ergriffen, und stellten sie in die
Mitte und sprachen zu ihm: Meister, diese Frau ist
auf frischer Tat beim Ehebruch ergriffen worden. Mo-
se aber hat uns im Gesetz geboten, solche Frauen zu
steinigen. Was sagst du? Das sagten sie aber, ihn zu
versuchen, damit sie ihn verklagen könnten. Aber Je-
sus bückte sich und schrieb mit dem Finger auf die
Erde. Als sie nun fortfuhren, ihn zu fragen, richtete er
sich auf und sprach zu ihnen: Wer unter euch ohne
Sünde ist, der werfe den ersten Stein auf sie. Und
bückte sich wieder und schrieb auf die Erde. Als sie
aber das hörten, gingen sie weg, einer nach dem an-
dern, die Ältesten zuerst; und Jesus blieb allein mit
der Frau, die in der Mitte stand. Jesus aber richtete
sich auf und fragte sie: Wo sind sie, Frau? Hat dich
niemand verdammt? Sie antwortete: Niemand, Herr.
Und Jesus sprach: So verdamme ich dich auch nicht;
geh hin und sündige hinfort nicht mehr.

Liebe Gemeinde !

In dieser Geschichte geht es um Leben und Tod. Steini-
gung ist eine Todesstrafe, eine grausame dazu. Gerade
darum aber liegt über dieser Geschichte ein befreiender
Glanz von Heiterkeit, Witz und Schönheit, denn sie
geht ja gut aus, überaus gut! Sie ist nicht umsonst eine
der bekanntesten der Bibel, und das Jesuswort, "Wer
unter euch ohne Sünde ist, der werfe den ersten Stein",
ist fast zu einem Sprichwort geworden.

Ja, es geht um Leben und Tod. Nach dem Gesetz des Mose sind in der Tat Ehebrecher zu steinigen - allerdings nicht nur die Frau, sondern beide Beteiligte! Da hinkt also von Anfang an etwas an der Inszenierung der Pharisäer und Schriftgelehrten "zur Klärung eines theologisch-juristischen Sachverhalts". Der Mann ist nicht dabei - hat man ihn laufen lassen? Oder ist das Ganze sowieso nur ein Theater? Den Anklägern scheint das egal zu sein, und damit wird deutlich: Ihre oberflächlich korrekt inszenierte Prozessdebatte ist in Wahrheit etwas ganz anderes: Sie ist ein Angriff. Und der Angegriffene ist Jesus, er soll "versucht" werden, wie es heißt. Die angebliche oder wirkliche Ehebrecherin wird bloß benutzt, als Schachfigur, als Gegenstand. Als Mensch ist sie unwichtig. Selbst das scheint den Gesetzeshütern egal zu sein. Auch noch damit missbrauchen sie das Gesetz des Mose, und machen es zur bloßen Waffe.

Denn eine Zwickmühle für Jesus ist da aufgebaut, mit Raffinesse kalkuliert, mit moralischer Empörung aufgeblasen, in scheinbare Legalität gekleidet, sicher auch mit der Spekulation auf Außenwirkung: Jesus kann in diesem Spiel nur verlieren. Entweder er ist gesetzestreu im Sinne der Ankläger, dann wird er seine Anhänger vor den Kopf stoßen und ist im Sinne der Obrigkeit endlich gezähmt. Oder er plädiert in diesem Scheinprozess auf Freispruch der Frau, dann droht ihm wegen Gesetzesbruch die Hinrichtung. So ganz offenbar das politische Kalkül dieser Ankläger. Perfekt gemacht, so scheint es !

Aber nach dieser Melodie spielt Jesus nicht mit. Die Geschichte geht anders, ganz anders weiter! Nachdem die Falle aufgebaut ist, wird es erst einmal ganz still.

Das so perfekt abgesteckte Spielfeld bekommt ein Loch, gleichsam nach unten, durch das hindurch Anderes und Tieferes sichtbar, fühlbar, denkbar, möglich, wirklich wird. Ganz etwas anderes. Menschlicheres.

Jesus hockt sich hin und schreibt mit dem Finger auf der Erde. - Stille. - Das ist nicht vorgesehen in dieser Prozessordnung, und so wird es wieder laut: Was denn nun, was denn, willst du nicht antworten? - Und wieder Stille. - Und aus dieser Stille, gleichsam von unten herauf, kommt schließlich nur *ein* Wort, nur dieser Satz: "Wer von euch ohne Sünde ist, der werfe den ersten Stein". Nur dies Wort, - und Jesus hockt weiter unten, schreibt weiter, wie unbeteiligt. - Stille. Und in dieser Stille wird eine Befreiungsgeschichte aus dem tödlich gemeinten Spiel. In der Stille dieser genialen, fast eulenspiegelhaften Provokation Jesu - wird Raum zur Befreiung. Jesus befiehlt nicht, er triumphiert nicht - er gibt Raum. Und diese Möglichkeit wird hier ergriffen. Hier wird sie tatsächlich ergriffen.

Zwar sind diese sogenannten Ältesten sicher auch schlau genug, zu begreifen, dass sie auf ihrem Spielfeld nun verloren haben. Doch hier geschieht ja mehr. Sie werden an sich selbst erinnert. Wie oft ist es die Art von "Ältesten", das ums Verrecken nicht zur Kenntnis zu nehmen! Älteste gar nicht nur an Jahren. Eher verteidigen sie sich bis zur Erschöpfung. Selbstverteidigung ist die klägliche Geste, die uns meistens einfällt, wenn wir an uns selbst erinnert werden. Aber hier geht es offenbar anders, diese Ältesten brechen die Stille nicht noch einmal. Sie gehen, einer nach dem anderen, ganz still. Sie geben die Frau frei. Sie geben Jesus frei. Und so brechen sie auch in ihre eigene Befreiung auf. - Kluge Älteste diese Ältesten! Sie bestehen nicht auf sich selber. Sie vergleichen sich nicht nach dem Motto: "Na ja, immerhin, aber was diese Frau gemacht hat, ist doch viel schlimmer". Sie stellen keine Geschäftsordnungs- oder Befangenheitsanträge. Und so werden sie für diesen Moment selbst zu Befreiten, auch sie selbst.

"Es gibt so wenig Geschichten mit gutem Ausgang. Dies ist aber eine – eine Geschichte, in der es keine Verlierer, sondern nur Befreite gibt: Die Frau, die nicht gesteinigt wird; die Männer, denen die Steine aus den Händen gefallen sind; der listige Menschensohn, das Urbild der Freiheit" (Fulbert Steffensky).

Die Frau, was auch immer sie getan hat, wie auch immer sie in dies Ränkespiel verstrickt worden sein mag, sie bekommt Gehör, sie bekommt eine Stimme, ein Gesicht, endlich! Sie kann nach Hause gehen – und neu anfangen.

Die Pharisäer und Schriftgelehrten haben etwas von der befreiende Botschaft der Propheten wiederentdeckt, die zum biblischen Gesetz gehört. Auch sie sind Befreite, ihre weitere Geschichte ist wieder offen für sie.

Jesus hat mit seiner Geste den Raum der Stille aufgemacht, in dem Einsicht und die Erinnerung an Menschlichkeit und Liebe wachsen kann. Und ganz menschlich real hat er am Ende sogar noch dafür gesorgt, dass alle ihr Gesicht wahren können, dass vielleicht sogar ein befreites Lachen oder Schmunzeln aufkommen kann, wenigstens bei Zuhörern und Zuschauern, aber jedenfalls bei Lesern und Hörern durch die Jahrhunderte – bis heute.

Jesus, der Messias, zeigt und verwirklicht Gottes Liebe, von der wir alle leben, als ganz praktische Möglichkeit.

Die Stichworte heißen: Stille, Einsicht, Abrüstung. Ja, das ist möglich. Nicht alles muss tödlich enden.

Eine gute, heitere, kreative Geschichte ist das, eine Geschichte zum Aufatmen. Noch eine Einzelheit zum Schluss und vielleicht zum weiteren Nachdenken: In der offiziellen altisraelischen Prozessordnung hat es eine höchst menschliche Bestimmung gegeben, nach der vor, aber auch noch nach einem Gerichtsurteil, und sogar noch weiter bis hin zum Hinrichtungsplatz immer noch Einsprüche zugunsten des Beklagten oder Verurteilten eingelegt werden konnten. Und zwar von jedermann! Jesus hat also gar nichts besonderes getan? Jeder andere hätte es auch tun können?

Jawohl, jeder andere auch! Jeder andere.

Dazu einfach die Geschichte noch einmal:

Schriftgelehrte und Pharisäer brachten eine Frau zu Jesus, die war beim Ehebruch ertappt worden. Sie stellten sie in die Mitte und sprachen zu ihm: Meister, diese Frau ist beim Ehebruch ertappt worden, auf frischer Tat. Moses aber hat uns geboten im Gesetz, solche Frauen zu steinigen. Was sagst du? Das sagten sie aber, um ihn zu versuchen, damit sie eine Sache gegen ihn hätten. Doch Jesus bückte sich nieder und schrieb mit dem Finger auf die Erde. Als sie nun nicht aufhörten, ihn zu fragen, richtete er sich auf und sagte zu ihnen: "Wer unter euch ohne Sünde ist, der werfe den ersten Stein auf sie". Und bückte sich wieder nieder und schrieb auf die Erde. Als sie das aber hörten, gingen sie weg, einer nach dem anderen, die Ältesten zuerst; und Jesus blieb allein mit der Frau, die in der Mitte stand. Jesus richtete sich auf und sprach: Frau, wo sind sie, deine Ankläger? Hat dich niemand verurteilt? Sie sprach, nein Herr, niemand. Und Jesus sprach: So verurteile ich dich auch nicht. Geh hin und sündige künftig nicht mehr.

Und der Friede Gottes, höher als alle Vernunft, tiefer als alle Angst, der bewahre unsere Herzen und Sinne in Christus Jesus.

AMEN.

Macht und Versuchung
Auferstehungskirche Hamburg-Lurup, 09.03.2003

Matthäus 4, 1-11:

Da wurde Jesus vom Geist in die Wüste geführt, damit er von dem Teufel versucht würde. Und da er vierzig Tage und vierzig Nächte gefastet hatte, hungerte ihn. Und der Versucher trat zu ihm und sprach: Bist du Gottes Sohn, so sprich, dass diese Steine Brot werden. Und er antwortete und sprach: Es steht geschrieben: Der Mensch lebt nicht vom Brot allein, sondern von einem jeglichen Wort, das durch den Mund Gottes geht. Da führte ihn der Teufel mit sich in die heilige Stadt und stellte ihn auf die Zinne des Tempels und sprach zu ihm: Bist du Gottes Sohn, so wirf dich hinab; denn es steht geschrieben: Er wird seinen Engeln über dir Befehl tun, und sie werden dich auf den Händen tragen, auf dass du deinen Fuß nicht an einen Stein stößt. Da sprach Jesus zu ihm: Wiederum steht auch geschrieben: Du sollst den Herrn, deinen Gott, nicht versuchen. Wiederum führte ihn der Teufel mit sich auf einen sehr hohen Berg und zeigte ihm alle Reiche der Welt und ihre Herrlichkeit und sprach zu ihm: Das alles will ich dir geben, so du niederfällst und mich anbetest. Da sprach Jesus zu ihm: Weg mit dir, Satan! Denn es steht geschrieben: Du sollst anbeten Gott, deinen Herrn, und ihm allein dienen. Da verließ ihn der Teufel. Und siehe, da traten Engel zu ihm und dienten ihm.

Liebe Gemeinde

ob es den Teufel gibt oder nicht, weiß ich nicht. Ich weiß, dass Menschen Böses tun und böse werden können. Man kann sagen, es gibt das *das* Böse in dieser Welt. Das Wort ist aber auch etwas ungebräuchlich geworden, dafür sind die konkreten Wörter lebendiger: Also etwa: gemein, grausam, betrügerisch, unmenschlich, unterdrückend, lügenhaft, boshaft, egoistisch und noch viel mehr davon. Menschen können sich in solch Böses verwickeln. Und Böses kann Macht haben, kann Macht über uns gewinnen. Also waren die alten Kulturen vielleicht doch nicht so dumm, wenn sie sich *das* Böse als *einen* Bösen, als mächtige Person vorstellten. So wie man Geister, Feen, Dämonen als geheimnisvolle, mächtige Personen ansah. Folgen wir also einmal der Geschichte von der Versuchung Jesu durch die Macht des Bösen, durch den Teufel, und wie Jesus mit dieser Versuchung umgeht.

Jesus hat sich also am Anfang seiner öffentlichen Wirksamkeit für 40 Tage in die Wüste zurückgezogen und dort gefastet. Fasten bedeutet sich aufs Wesentliche konzentrieren, nicht mehr abgelenkt werden, also herausfinden, was lebensnotwendig ist, was Lebensfundament sein kann. Wahrheit nicht allgemein, sondern konkrete, persönliche Wahrheit. Und wahrhaftig: Es sind höchst konkrete Dinge, um die es da in diesen drei Kapiteln geht, der Teufel macht es dramatisch, in drei sich steigernden Stufen:

Versuchung Nr. 1: „Bist du Gottes Sohn, so sprich, dass diese Steine Brot werden" - also: nicht nur den eigenen, sondern den Hunger überhaupt besiegen, als Gottessohn der große Wohltäter der Menschheit werden.
Nr. 2: „Bist du Gottes Sohn, so spring herab" - Auffallen, Unglaubliches tun, ein Star werden – sichtbarer Gottessohn!
Und schließlich Nr. 3: „Alle Reiche der Welt gebe ich dir, wenn du niederfällst und mich anbetest" - Macht

haben, die größte Macht haben, herrschen über alles und über alle – Gottes machtvoller Sohn sein !

Drei Stufen der Versuchung: Den Hunger besiegen, ein Star sein, Macht haben? Das alles soll vom Teufel und also böse sein? Ist das nicht zum Teil einfach nur vernünftig?

Ich möchte doch, dass der Hunger auf dieser Erde besiegt wird; ich möchte kein schlechtes Gewissen mehr haben, wenn es mir gut schmeckt. Müsste Jesus als Gottessohn nicht dafür sein, dass es keinen Hunger mehr gibt? Ist also Gott nicht dafür, dass der Hunger besiegt wird? - Oder Erfolg haben, oder gar ein Berühmter sein, klein oder groß – was soll da Böses dran sein? Ich finde zwar manchen Starkult einfach dumm und blöde, aber das ist ja ein persönlicher Geschmack – an sich ist das doch eher unterhaltsam und harmlos – so wie Fußballstars im Fernsehen oder ein großer Dirigent. Sollen wir denn keinen Spaß haben? Und Erfolg – wer wünscht sich den denn nicht? Hat Gott etwa was dagegen? Und schließlich Macht haben - nun, da wird es vielleicht etwas schwieriger, Weltherrschaft, Weltmacht, der Große Diktator fällt einem ein, Hitler, oder auch Stalin. Das ist nicht so gut. Aber Macht überhaupt ablehnen? Ist es nicht weltfremd zu meinen, Macht als solche sei böse, und es ginge überhaupt ohne Macht? Will denn Gott das nicht? Es ist doch einfach so! Macht haben wollen fängt doch schon im Kleinen an.

Spätestens hier wird aber klar: wir müssen wohl genauer hinsehen, was die Geschichte uns eigentlich sagen will.

Also Erstens: Jesus soll Brot aus Steinen machen, sagt der sogenannte Teufel - das muss der Gottessohn doch können! Der hat doch selber Hunger. Doch Jesus sagt jetzt nicht, Brot ist unwichtig, hört auf Gottes Wort, er sagt also nicht: Predigt *statt* Ernährung! Sondern Jesus sagt: Brot allein tut es nicht, Gottes Wort muss dazu. Also Tischgebet sprechen? Es ist was Gutes, sich dankbar zu erinnern, dass Essen und Trinken nicht selbstverständlich sind. Aber so einfach meint es Jesus wohl doch nicht. Ich denke, hier ist eher gemeint, dass es nicht egal ist, wofür man sein Brot bekommt, ob man es mit Unrecht verbunden verdient. Man kann satt und übersatt sein und seelisch, menschlich verhungern. Oder: Selber satt sein und nichts abgeben, das ist auch nicht nach Gottes Wort – und buchstäblich auch ungesund! Und schließlich: Menschen aushungern, um sie in die Knie zu zwingen, das ist erst nun recht nicht nach Gottes Wort. All das ist lebensfeindlich, und Gott ist der Gott des Lebens und nicht des Todes. Darum: Nicht Brot allein macht satt, egal woher es kommt. Erst Gottes Gebot, seine Weisheit und Vernunft, macht das Brot nahrhaft und lebensfreundlich.

Zweitens: Jesus soll am besten einen großen Event veranstalten, um sich als Gottessohn zu beweisen. Ja, warum denn eigentlich nicht? Ein Star sein – wäre dann nicht alles klar? Vom Tempel springen, also sozusagen vom Kölner Dom, und nicht elastisch gesichert wie ein (immerhin auch risikoreicher) Bunjee-Springer, sondern nur an Gottes Wort gebunden! Motto: Es steht doch in der Bibel, also muss es doch gehen. Der Teufel als fundamentalistischer Bibelfreund. Für uns aufgeklärte Menschen ist klar, so geht das natürlich nicht: Aber für wundergläubige Zeiten war das nicht so selbstverständlich. Jesus entlarvt den Pferdefuß, der da wieder so scheinfromm-bibeltreu daherkommt: Denn Star-Sein an sich, sich bewundern lassen, „ankommen", das ist als solches ja wirklich erst mal harmlos, es beweist aber gar nichts, erst recht nicht eine Gottessohnschaft. Etwas ganz anderes ist der Knackpunkt: Hier wird ja ein Risikospiel angeboten, und wessen Eitelkeit sich davon fangen lässt, der wird vermutlich tödlich enden. Auch damals war so etwas klar! Aber der Gott, für den Jesus steht, Gott lässt sich nicht manipulieren und einspannen. Gott ist kein Groschenautomat, Wunder sind kein Gottesbeweis. Gott zur Beglaubigung für das eigene Wollen heranzuziehen, das kann tödlich enden. Immer dann wenn behauptet wird, „Gott ist mit uns", ob auf Koppelschlössern oder Plakaten, sollte man misstrauisch werden, ob da nicht statt Gott menschliche Willkür im Spiel ist. Oder da, wo mit dem Leben gespielt wird, als Risikospiel, beim S-Bahn-Surfen z.B. oder auch sonst, derart mit dem Leben (und das heißt mit Gott !) auf Risiko zu spielen, das ist lebensfeindlich. Das meint dies seltsame biblische Wort: „Gott versuchen". Das soll man lassen, das kann man durchschauen.

Und drittens: Irgendwie haben wir es im Großen wie im Kleinen unseres Lebens auf dieser Erde tatsächlich immer auch mit Macht zu tun. Nicht umsonst kommt dies Thema hier herein, Macht *ist* eins unserer Lebensthemen. Und nun gilt es zu sehen: Es wird schnell und brutal lebensfeindlich, wenn die Macht verehrt, oder wenn einem Mächtigen gehuldigt wird, ganz gleich, ob ein Maximo leader, ein Kaiser, ein Führer, ein Großer oder kleiner Vorsitzender, ein Präsident, oder ein Irgendwer oder eine Irgendsie im täglichen, persönlichen Leben - egal wer. Wenn es heute heißt, etwas sei „Kult", da sollte man wohl auch schon mal aufmerken! Also Niederfallen und die Macht anbeten, das ist es, was der Teufel von Jesus will. „Anbeten" kann viele Formen haben. Entdecken kann man das immer dann, wenn bedingungslose Hingabe oder Angst oder Abhängigkeit damit verbunden sein soll. Das kann auch so aussehen, dass man (oder auch frau!) Lust kriegt an der Macht - jawohl, Macht ausüben kann Lust machen, und dieser Lust nachgeben und ihr nachgehen, das ist auch eine Form von Anbeten. Dann bekommt man schnell den Tunnelblick. Manche Menschen verändern sich leider sehr, wenn sie Macht bekommen. Früher hätte man gesagt: Der Teufel hat viele Gestalten.

Unser Text meint aber: Das alles ist kein unabwendbares Schicksal. Die Versuchungsgeschichte erzählt: Jesus macht keine Kompromisse. Jesus setzt voraus, dass unser Leben im Konflikt gelebt wird. Immer wieder geht es darum, ob etwas lebensfreundlich ist oder lebensfeindlich. Aber Lebensfreundlichkeit *ist* möglich !

Ja, der Hunger in der Welt soll und muss besiegt werden, aber nicht mit wunderhaften Mätzchen, nicht mit lebensfeindlicher Wissenschaft zum Vorteil von Monsanto. Oder mit Monokulturen für den afrikanischen Export, oder mit Korn für Benzin! Oder mit Billigimporten zu Lasten der Afrikaner *und* zu Lasten unserer eigenen Landwirtschaft. Es ist nicht egal, ob nur „Brot allein" ohne Gottes Wort und Weisung uns beherrschen will. Essen und Trinken ohne schlechtes Gewissen, das ist möglich, das ist vernünftig und lebensfreundlich, das ist befreiend. Wir können und sollen unsere Vernunft anstrengen und um den Sieg über den Hunger kämpfen.

Ja, Risikospiele sind gefährlich, Kapitalistische Spiele

mit schnellem Gewinnversprechen, oder unvernünftiger Starkult. Kinder und junge Menschen werden zu Stars hochgemotzt und stürzen wieder ab. So sehr das alles lockt und leuchtet und uns mit hineinnehmen will in den Trubel: Das ist überwindbar und das alles muss überhaupt nicht sein. Wenn das mal klar wird, dann wird das Leben um etliches einfacher, jedenfalls werden dann Fronten klar. Gott nicht versuchen auf – wie sagt man so schön – auf Teufel komm raus. Davon sind wir befreit, darum wirbt die Versuchungsgeschichte. Darum geht es: *Das muss nicht sein!*

Ja, Macht ist in der Welt. Täglich gehen wir mit ihr um oder sind ihr unterworfen. Aber sie kann und muss lebensfreundlich gezähmt werden. Das fängt ganz innen an. Als Jesus für sich die Entscheidung gegen die Versuchung zur Macht gefällt hat, heißt es: „Die Engel dienten ihm". Auch Engel sind Mächte, es gibt gute Mächte – bildlich gesprochen mit unserer Geschichte ! Eine Regel dafür könnte sein: Nur von Gott selbst abhängig werden. Orientierungsmarken dafür gibt es: Die zehn Gebote, und noch besser: Die Bergpredigt. Die Verheißung der Bergpredigt sagt doch, dass die Sanftmut der Sanftmütigen, also die Menschlichkeit der Menschlichen tiefer reicht und tiefer greift, als alle Schrecken der Gewalt und der Übermacht. *Der Kompass ist verlässlich.* Freilich: Nicht immer ist ein ruhiges oder stilles Leben damit verbunden. Aber intensives Leben ist den Einsichtigen und Sanftmütigen beschieden, Leben in Fülle und Ganzheit im Ringen um Frieden, Phantasie und Glück. Für eine Gerechtigkeit, die anders ist als die der mancherlei Mächtigen, die davon herumtrompeten. Unter der Abhängigkeit und dem Vertrauen auf Gott kann auch eine überlegene

Vernunft, glaubende Vernunft wachsen, die genau hinsieht, die sich nicht so leicht verhetzen lässt und die das genaue Fragen nicht aufgibt oder aufhört. Ein Weg, der täglich erneut beginnen kann.

Jesus gibt Orientierung, er gibt hier wie auch sonst keine einfachen Rezepte, keine strategischen oder taktischen Programme. Dafür setzt er auf uns, ja, er setzt auf uns! Nach seiner Orientierung können wir leben. Gott ist ein Gott des Lebens und nicht des Todes. Vielleicht müssen wir nicht gleich in die Wüste gehen, wie Jesus. Aber eine Art Fasten, Konzentration und In-uns-gehen – das täte uns sicher gut. Eine Sonntagspredigt ist dazu nicht genug, aber vielleicht ein Anstoß, ein Anfang, eine Ermutigung, vielleicht macht sie Lust auf eine Fortsetzung,.

Und der Friede Gottes, höher als unsere Vernunft, er stärkt sie, tiefer als unsere Angst, er hilft sie überwinden, der bringe uns zum Glauben an das Leben.

AMEN

Immer gefangen im Babylon?
Auferstehungskirche Hamburg-Lurup, 15.02.2004

Jesaja 55, 6-12:
Suchet den Herrn, solange er zu finden ist. Rufet ihn an, solange er nahe ist. Der Gottlose lasse von seinem Wege und der Übeltäter von seinen Gedanken und bekehre sich zum Herrn, so wird er sich seiner erbarmen, und zu unserem Gott, denn bei ihm ist viel Vergebung. Denn meine Gedanken sind nicht eure Gedanken, und eure Wege sind nicht meine Wege, spricht der Herr, sondern so viel der Himmel höher ist als die Erde, so sind auch meine Wege höher als eure Wege und meine Gedanken höher als eure Gedanken. Denn gleichwie der Regen und Schnee vom Himmel fällt und nicht wieder dahin zurückkehrt, sondern feuchtet die Erde und macht sie fruchtbar und lässt wachsen, dass sie gibt Samen, zu säen und Brot, zu essen, so soll das Wort, das aus meinem Munde geht, auch sein, spricht der Herr. Es wird nicht wieder leer zu mir zurückkommen, sondern wird tun, was mir gefällt, und ihm wird gelingen, wozu ich es sende. Denn ihr sollt in Freuden ausziehen und in Frieden geleitet werden. Berge und Hügel sollen vor euch her frohlocken mit Jauchzen und alle Bäume auf dem Felde in die Hände klatschen.

Liebe Gemeinde,

wenn wir uns in einer Zeitreise dahin versetzen würden, wo dieser Text zum ersten Mal gesprochen wurde, dann wären wir jetzt in Babylon, mitten im heutigen Irak, aber 2.500 Jahre früher. Babylon, die älteste Großstadt, die mit dem Riesenturm, Hauptstadt des damaligen größten Reichs im vorderen Orient, eine militärische Großmacht. Und wir wären dann Israeliten. Wir gehörten zur ehemaligen Führungs- schicht und zu den ehemals Wohlhabenden des Landes Israel. Aber Israel ist ja besiegt und erobert worden. Und wir und unsere Vorfahren wären vor ungefähr 70 Jahren aus Jerusalem deportiert worden und müssten hier in der Fremde streng bewacht, unterdrückt und ärmlich leben. Im Ghetto. In letzter Zeit sind unsere Bewacher besonders hektisch und gemein, ständig gibt es Razzien, Untersuchungen, Verhaftungen, Menschen verschwinden und kommen verletzt, stumm und bleich zurück, andere bleiben verschwunden. Einige von uns sehen in alledem sogar ein gutes Zeichen, ach diese politischen Spekulanten! Aber sie sagen, die baby- lonische Großmacht hat Niederlagen erlitten und wird schwächer. Sie sagen, wer außen schwach und unsicher ist, der wird hart und gefährlich nach innen. Denen gibt das Hoffnung. Die meisten von uns glauben das nicht, sie fürchten die endgültige Vernichtung und sehen nur die Dunkelheit und Ausweglosigkeit. Es ist eine schwere Zeit.

Aus dieser schweren Zeit stammt unser Bibeltext. Ein Prophet oder Priester hat ihn damals den Deportierten gesagt und hat sie damit orientieren und aufrichten wollen. Diese Worte sind seit diesen Jahrtausenden im Buch Jesaja überliefert, viele haben sie gehört seitdem, heute also wir. Würde ich ihn jetzt noch einmal lesen, vielleicht stellten wir uns dabei dann unsere Zeit vor – auch keine einfache Zeit ist das ja, unklar, unruhig, unberechenbar, auch angsterregend - aber natürlich unvergleichlich zu damals, und für uns hier erstmal vermutlich kaum lebensbedrohend – immerhin: für andere Menschen in anderen Weltteilen heutzutage immer wieder sehr wohl.

Die ganze Zeit in diesem langen Text ist aber von *Gott* die Rede und Gott redet schließlich selbst. Durch den Mund des Propheten. Der Text beginnt so: *„Suchet den Herrn..., der Gottlose soll von seinem Weg lassen, der Abtrünnige von seinen Gedanken..."*. Hallo! Da stutze ich. Diese armen Leute, Menschen im Exil werden heftig und steil angesprochen: „Gottlose", „Abtrünnige", nach anderer Übersetzung auch „Übeltäter"! Sind die denn nicht einfach verzweifelt, weil Gott sich nicht zeigt und sie *nicht* rettet, nun schon seit 70 Jahren? Wie kann Gott das zulassen - oft ja auch unsre Frage!

Ja, wie kann Gott das zulassen, was heute in dieser Welt geschieht – Terror, Krieg, Hunger – drohende Verarmung vielleicht eines Tages doch auch bei uns. Womit haben wir das verdient? So werden die damals auch aufbegehrt haben. Aber überliefert ist nicht ihr Protest, der scheint hier nicht wichtig zu sein. Sondern nur das Prophetenwort ist überliefert, ich habe mich gefragt, warum wohl. Erst habe ich mich dagegen gewehrt, aber angekommen bin ich schließlich bei dem Gedanken: Auch damals war es schon so, dass Menschen gern *Gott* in die Schuhe geschoben haben, was *Menschen* verursacht haben. Es war doch falsche, hochmütige Politik gewesen damals, die Israel ins Elend geführt hatte – von machtgeilen, kurzsichtigen Herrschern gemachte Politik. Darüber steht viel in den Geschichtsbüchern der Bibel, das kann man nachlesen. Und auch viele unserer heutigen Probleme – vom Terrorismus bis zur Klimakatastrophe, von der drohenden Verarmung bis zum Hochmut der Reichen - menschengemacht, die Ursachen kann man wissen, wenn man sie denn wissen will.

Also: Der Prophet nimmt seine Hörer (also auch uns) ganz einfach ernst, wenn er seinen Hörern, also jetzt auch uns, die falsche Ausflucht zu Gott nicht zulässt. Wir Menschen sind es, die Unglück schaffen, Unglück genug. Darum also stand vorhin im Text zu allererst die Aufforderung: Ihr müsst Euer Leben ändern, wenn ihr leben und ein gutes Leben leben wollt. Seht das doch ein, es ist nötig!

Und wenn Ihr das seht und einseht, könnt ihr auch aufnehmen, dass Gott eben nicht so etwas ist wie ein netter Notnagel, an dem man sich festmacht, wenn es brennt, ansonsten aber kümmert man sich nicht um ihn. Er ist anders, ganz anders. Und wenn wir das einsehen und begreifen und akzeptieren, es endlich akzeptieren!, dann wird auch Gott sich uns wieder zuwenden, er wird sich erbarmen. Dann reden wir ihn selbst an, und nicht einen selbstgemachten Gott. Auch das hat Folgen, gute Folgen.

Und nun spricht der Prophet so, als spräche Gott selbst aus ihm. „Meine Gedanken sind nicht eure Gedanken, und meine Wege sind nicht eure Wege". Dies Wort ist berühmt geworden – ich denke, weil diese Erfahrung schon Generationen und Generationen vor uns auch gemacht haben. Gott ist anders, ganz anders, als wir oft denken, anders als wir manchmal sehr wünschen, anders als wir immer mal wieder am liebsten wollen. „So hoch der Himmel über der Erde ist" – also unendlich! Das wussten die damals auch schon!, „so anders sind Gottes Gedanken und Gottes Wege". „Gott hat seine eigene Zeit und seine eigenen Wege – „weiß Gott"!

Mir geht es tatsächlich so: Wenn ich dies akzeptieren kann, dass Gott wirklich größer ist als ich, und noch dazu weit weg, dann muss ich anfangen zuzugeben, dass vieles Unglück dieser Welt menschengemacht ist. Nicht alles, aber vieles, nicht wenig. Und auch umgekehrt: Wenn ich zugeben kann, dass vieles Unglück dieser Welt von Menschen gemacht ist, dann kann ich merken, wie sehr ich angewiesen bin auf das, was der Prophet nun auch sagt: Dieser andere Gott ist nicht so ohnmächtig, wie es oft scheint – er ist nicht weg, er ist nur anders, anders als ich ihn mir wünsche. Nein, er ist nicht weg! Er erbarmt sich – ich bin nicht mehr hilflos im Dunkeln, ich kann Orientierung finden in meinem Leben. Die Dinge und die Fronten werden klarer. Und deshalb folgen nun auch diese berühmten, wunderbare Sätze:

> *Denn gleichwie der Regen und Schnee vom Himmel fällt und nicht wieder dahin zurückkehrt, sondern feuchtet die Erde und macht sie fruchtbar, und lässt wachsen, dass sie gibt Samen, zu säen, und Brot, zu essen,*
> *so soll das Wort, das aus meinem Munde geht, spricht Gott, auch sein.*
> *Es wird nicht wieder leer zu mir zurück kommen, sondern wird tun, was mir gefällt, und wird ihm gelingen, wozu ich es sende.*

Gottes „Wort" redet uns an. Es spricht in unserem Leben, hier jetzt vielleicht, oder wenn ich mit jemandem rede, wenn mir jemand was sagt, etwas hilft oder etwas antut – Gott hat viele Wege und Weisen zu reden. Es gibt ja auch immer die Gebote zur Orientierung. Und Gott spricht nicht vergeblich – das was scheinbar von weither kommt, ist immer wieder ganz nahe, wenn wir's denn an uns heranlassen: Die Wahrheit. Die Wahrheit über uns selbst und die Wahrheit über die Zustände, die Wahrheit über die Welt. Auch die traurige Wahrheit, wenn es eine traurige Wahrheit ist. Auch die gute, wenn es eine gute Wahrheit ist. Worte haben Macht, und können Menschen verändern. Ein Wort kann eine Lage umkehren, es kann Mut machen, das kennen wir doch auch aus dem menschlichen Leben untereinander. Gottes Wort will ja Mut machen zum richtigen Leben. Wahrheit ist das auch, wo sie vielleicht schmerzlich ist und etwas von uns verlangt – aber Wahrheit wird uns frei machen, das ist uns verheißen. Das Glück der Wahrheit ist uns verheißen. Sinnvolles Leben ist uns verheißen.

Und deshalb endet unser Text auch mit diesem gewaltigen Bild eines Festzuges aus dem Exil, aus der Verbannung der Unwahrheit in das Jerusalem der Wahrheit. Ein Festzug, in dem getanzt und gesungen wird, und die Natur wird plötzlich auch lebendig, sie singt und tanzt mit, die Bäume am Weg stehen Spalier und klatschen. Ja, da stehen plötzlich Bäume in der Wüste! Ein unglaubliches Bild – unglaubliche Wahrheit? Nein, dies Bild soll Lust machen auf die Wahrheit!

Soweit der alte Prophet – damals. Ich denke, es gibt so manche Stellen in unserem Leben heute, wo es uns wohl gut täte, uns darauf zu besinnen, was Gott vielleicht eigentlich von uns will - wie wir umgehen sollten mit den so berechtigten Ängsten, die von der Globalisierung und der Verarmungsdrohung ausgehen, wie wir mit den Machtgeilheiten und der Raffgier anderer, aber auch mit unserem eigenen lieben Egoismus umgehen wollen – Geiz ist eben *nicht* geil!, Geiz ist gemein. Und tödlich. Und müssen wir denn immer mehr haben, können wir nicht mit weniger auskommen? Wir können's, davon bin ich überzeugt.

An Beispiele möge sich jeder selbst erinnern. In dem allen steckt doch die Frage: Wovon wir leben wollen – innerlich, als Menschen, meine ich.

„Was heißt ein Gott haben oder was ist Gott", hat Luther einmal gefragt. Und er hat eine sehr nüchterne, ganz unphilosophische Antwort darauf gegeben. „Ein Gott heisset das, wozu man sich versehen soll alles Guten und Zuflucht haben in allen Nöten. Worauf du nun (sage ich) dein Herz hängest und dich verlässest, das ist eigentlich dein Gott."
So Luther. Die Frage ist ja, woran hängen wir, jeder von uns „eigentlich"? Also in Wirklichkeit, in Wahrheit?

Und es gibt ja auch die schöne, erschütternde Erzählung von Tolstoj „Wieviel Erde braucht ein Mensch", wo das Land, das einer an einem Tag umschreiten kann, ihm gehören soll. Und wo der, der das versucht, und immer mehr Land will und immer nicht genug Land kriegen kann, also immer schneller und schneller laufen muss und läuft und läuft – und am Ende bricht er zusammen, und stirbt vor Schwäche – so viel Erde wie ein Grab braucht er am Ende, nicht mehr.

Aber so muss es doch nicht werden mit uns. Wie sagt unser Text? „In Frieden sollen wir ausziehen in unser Leben, und in Frieden geleitet werden" – ein sehr aktiver Friede ist das, so lautet Gottes Verheißung für uns. Lasst uns immer wieder lernen, auf ihn zu hören.

Der Friede Gottes, höher als alle Vernunft und tiefer als unsere Angst, der bewahre unsere Herzen und Sinne in Christus Jesus.

AMEN.

Zwei Frauen
Auferstehungskirche HH-Lurup, 06.02.2005

Lukas 10, 38 – 42:
Es geschah, als sie weiterzogen, kam er in ein Dorf.
Da war eine Frau mit Namen Martha, die nahm ihn
auf in ihr Haus. Und sie hatte eine Schwester, die hieß
Maria; die setzte sich zu Jesu Füßen und hörte seiner
Rede zu. Martha aber machte sich zu schaffen, Jesus
zu dienen. Da trat sie hinzu und sprach: Herr, fragst
du nicht danach, dass mich meine Schwester allein
arbeiten lässt? Sage ihr doch, dass sie auch mit
anfasst. Jesus aber antwortete und sprach zu ihr:
Martha, Martha, du machst dir viel Sorge und Mühe.
Eins aber ist not. Maria hat das gute Teil erwählt, das
soll nicht von ihr genommen werden.

Liebe Gemeinde,

„da war eine Frau mit Namen Martha, die nahm ihn
auf in ihr Haus". Erstaunlich genug: eine Frau, kein
männlicher Haushaltungsvorstand, wie es damals Sitte
und Brauch vorschrieb. Frauen waren in antiken
Gesellschaften oft Eigentum des Manns, wie Haustiere.
In extrem patriarchalischen Gesellschaften zum Teil
noch heute. Auch bei uns in Europa war das Eherecht
bis vor nicht allzu langer Zeit kaum anders. Damals,
mitten im antiken Palästina - „eine Frau nahm ihn in
ihr Haus auf" - das war sehr ungewöhnlich, für
manche Menschen auch empörend - damals. In der
Umgebung von Jesus hatten Frauen offenbar eine
freiere Rolle, als in der umgebenden Gesellschaft, ihm
waren überlieferte Sitten und Gebräuche nicht
selbstverständlich, das kennen wir auch aus anderen
Zusammenhängen. Dass Jesus es mit der Frauenrolle
anders hielt als seine Umgebung, das war gewiss auch

ein ganz tiefsitzender Grund für die Feindschaft und für den Groll, der ihm von manchen entgegenschlug.

Nun wechselt die Szene zu den beiden Frauen im Haus, es geht ungewöhnlich weiter: Die eine, Martha, zeigt sich jetzt als pflichtbewusste Gastgeberin, aktiv, tätig, praktisch – wenn Gäste da sind, muss etwas auf den Tisch kommen. Das ist die traditionelle Rolle der Frau, bis heute! Doch die andere, Maria setzt sich zu Füßen des berühmten Lehrers, hört ihm zu und kümmert sich nicht um den Haushalt. Schon wieder ein Tabubruch: „Zu Füßen" eines Mannes, - kein damaliger Rabbiner hätte das zugelassen, dies ging an die Grenze zur Unsittlichkeit! Außerdem war Lehre sowieso Sache der Männer, Frauen hatten sich im Hintergrund zu halten, eben bei der Hausarbeit. Maria hält sich daran nicht, sie sitzt zu Füßen Jesu. Aber das hält nun die allein mit dem Haushalt überanstrengte Martha nicht aus, sie protestiert lauthals. Sie kommt aus der Küche hereingeschossen, stelle ich mir vor, Arme in die Hüften gestemmt steht sie da – ich hab alles am Hals, nun tu du endlich auch was, ich brauch dich da draußen!

Da greift Jesus ein, „Martha, du machst dir Sorgen und Mühe. Aber etwas anderes ist viel nötiger, ja: eins ist not. Maria hat das begriffen, sie macht es richtig, sie hat das gute Teil erwählt, das soll nicht von ihr genommen werden". Punkt, Ende, hier bricht die Geschichte ab. Damit wird signalisiert, nun denkt mal nach, was ist denn das, dies „gute Teil". Und warum ist es so nötig? Was ist hier gemeint? Dass Nichtstun lustiger sein kann, als sich abrackern? Oder dass Jesus sich zwar gern bedienen lässt, aber auch eine nette Zuhörerin gern bei sich behalten will, ganz der berühmte Lehrer, der „Promi"? Oder dass die Maria eine willkommene

Gelegenheit nutzt, ganz in der Nähe des großen, umstrittenen Stars der Straße zu sein, Sensationslust? Alles ganz lustig, sogar teils ganz plausibel, aber so platt ist das Neue Testament in der Regel denn doch nicht. Also was steckt drin in dieser Geschichte?

Mir fällt an der Geschichte zweierlei auf. Einmal: Jesus lehnt die gastfreundliche Plackerei der Martha ja nicht ab. „Martha, Martha, du hast viel Sorge und Mühe" – das ist eher eine mitleidige Anerkennung. Ein leiser Dank vielleicht sogar, ganz „männlich" verhalten. Jesus verstand etwas von Menschen – und von Hunger und Armut. Er kämpfte mit seinen Reden, Gleichnissen und Wundertaten dafür, dass alle satt werden. Er lebte selbst auf der Straße. Wenn Bert Brecht grob formulierte, „Erst kommt das Fressen, dann kommt die Moral", dann war er damit nicht weit weg von den Ansichten Jesu. Also: Martha wird nicht abgelehnt. Jesus anerkennt ihre Arbeit. Das ist die erste Beobachtung.

Und die zweite: In dieser Situation stützt der gleiche Jesus nun doch die Maria, als sie sich ausklinkt aus dem Betrieb. Warum? Ich denke, er nimmt etwas Besonderes wahr an ihr: Was tut sie denn. Diese Maria *nimmt* sich Zeit. Sie hört einfach zu. Vielleicht kann man sagen, sie steigt aus dem Betrieb aus - und damit auch aus der typischen Frauenrolle. Sie kehrt ein bei sich selbst. Sie fängt an, sich darum zu kümmern, was denn eigentlich ihr Frauen-Leben für einen Sinn hat; und vielleicht ist da bei Jesus was zu holen. Sie hat vielleicht mitbekommen, dass bei Jesus manches anders geregelt ist mit den Frauen. Sie nimmt die Gelegenheit wahr, zu hören, nachzudenken und nachzufühlen. Wenn ich das richtig sehe, ist das schon ziemlich emanzipatorisch, was die Maria da tut - denn das ist etwas Aktives, sie lässt den Betrieb sein, sie überlässt ihn ihrer Schwester, obwohl das ganz und gar unüblich ist. Was üblich sein sollte, das weiß sie natürlich genau, sie ist ja eine Frau. Sie tut bewusst, was sie tut. Und Jesus sieht nur zu, aber er begreift offenbar, was da vor sich geht. Er stützt die Maria. Und bestätigt damit, was sie tut: „Maria hat das bessere Teil erwählt, das soll ihr nicht genommen werden". Das bessere Teil? Ja, aber das ist eben nicht die Faulheit, wie die Schwester meint. Ob was rauskommt beim Zuhören, das weiß die Maria ja nicht vorher, aber sie ist neugierig und sie riskiert den Ärger der Schwester und der anderen. Sie riskiert etwas, entgegen aller Konvention, das ist keine Faulheit! Das aber nimmt Jesus wahr und das unterstützt er. Damit lässt er sie nicht allein.

Damit stützt er aber, dass diese Frau, diese Maria, ein Stück weit aus der überlieferten Frauenrolle aussteigt, vielleicht nur kurz, vielleicht nur in dieser Situation. Wenn Jesus sie nicht wahrgenommen hätte, wer weiß, ob sie nicht seufzend aufgestanden und doch wieder in die Küche gegangen wäre. So aber wird sie zu einem Symbol der Befreiung. Bekannt bis heute.

Denn „Aussteigen" ist in Wahrheit noch ein viel zu freundliches, romantisches Wort. Selbst hier im Familienkreis trifft die Maria ja auf Widerstand und Empörung. Sie muss sich durchsetzen. Die traditionelle Rolle der Frau ist nicht freiwillig gewählt, da lastet ein uralter Zwang drauf, heute nennt man das Unterdrückung. Maria lehnt sich auf! Wenigstens ein bisschen. Das ist nicht bloß historisch, das ist hochaktuell. Die Rede davon, dass „Kinder-Küche-Kirche", der „natürliche" Platz der Frau sei, die gibt es doch bis heute auch bei uns ! Und das ist eine Rede der *Männer*! Noch heute, wo Frauen sich aus diesem Zwang der Nur-Tradition allmählich herauskämpfen, geht das immer noch nur ein bisschen, schrittweise. Es dauert, und es ist wirklich noch nicht lange her, dass es Handwerkerinnen, Ingenieurinnen, Kapitäninnen, Ärztinnen, Professorinnen, ja: Pastorinnen gibt es heute, viele sogar – aber bei uns in der Kirche hat das sogar noch länger gedauert. Und immer noch gibt es Widerstand. In der Wirtschaft, in der Politik sind wir noch längst nicht so weit, dass Frauen frei wählen können, was sie tun wollen. Führende Stellen für Frauen gibt es immer noch nur vereinzelt.

Ich rede jetzt ganz bewusst *nicht* über die Grenzen unseres Landes und unserer Kultur hinaus; wir alle wissen, dass es Frauen unter anderen wirtschaftlichen, politischen, kulturellen und religiösen Bedingungen, im Süden und im Osten noch weit schwerer haben, als hier im westlichen Kulturkreis, in Europa und Nordamerika. Aber wir sollten vor der eigenen Tür fegen, da liegt noch genug alte, unaufgearbeitete Tradition herum!

Also Frage: Nehmen wir deutschen Männer unsere weibliche „bessere Hälfte", wie wir so verräterisch ironisch oft sagen, so wahr, wie Jesus die Maria wahrgenommen und gestützt hat? Die Antwort auf diese Frage möge jeder im Stillen bei sich selbst formulieren.

Noch etwas: Diese Geschichte von Jesus und Maria und Martha wurde früher so verstanden, das Evangelium vom Reich Gottes sei das Wichtigste - und darum stützt Jesus die Maria. Ja sicher ist das auch richtig. Aber wenn man es *nur* so sagt, bleibt das Evangelium doch völlig abstrakt, und der im Haushalt tätigen Martha wird man damit schon gar nicht gerecht! Die bliebe dann ganz im Schatten und würde auch noch ganz automatisch als dumme und begriffsstutzige Hausfrau diffamiert. Das kommt dabei heraus, wenn man aus einer Geschichte einen richtigen theologischen Satz macht und das *konkrete Leben* dieser Erzählung gar nicht wahrnimmt. Befreiung, Vergebung, sich entwickeln dürfen zu einem befreiteren Leben – das ist doch auch sonst die Botschaft des Evangeliums? Bei Maria und Martha geht es also um unseren Umgang mit der traditionellen Rolle der Frau, die ein Zwang ist und keine Freiheit! Ja, es geht hier um das Evangelium, weiß Gott. Es geht um Evangelium konkret!

Frauen haben bei uns mehr Rechte als früher, ja, das stimmt schon. Aber in der Regel müssen sie trotzdem im Beruf doppelt so gut sein wie konkurrierende Männer, um etwas zu erreichen. Denn Männer wehren sich, und streuen Sand ins Getriebe. Nicht mehr ganz so offen, das geht bei Quoten für Frauen nicht mehr ganz so leicht. Aber intern und insgeheim. Da sitzt der Widerstand! Und: Frauen haben – und *das* ist natürlich! – zu allem auch noch Kinder zu gebären, und traditionellerweise sind immer noch sie es hauptsächlich, die sie ernähren und erziehen. Diese Doppel- und Dreifachbelastung (Kinder, Ehemann, Beruf), oder auch ohne Ehemann als Alleinerziehende – nehmen wir Männer das eigentlich wahr, oder wehren wir uns eher und widerstreben dem innerlich, wenn Frauen versuchen, sich daraus herauszuwinden und uns Männer in die Pflicht nehmen wollen? Lassen wir's zu, nehmen wir sie wahr, stützen wir die Frauen?

Aber „in Pflicht nehmen", das ist auch abstrakt: Lasst uns doch endlich auch das andere, Positive, das Schöne wahrnehmen: Auch wir Männer haben eine Befreiung vor uns, und um die ist zu kämpfen, gerade heutzutage unter den verschärften Bedingungen im Wirtschafts- und Berufsleben. Doch, es ist wirklich so, da wartet eine Befreiung auch auf uns, und in meinem Stadtteil nehmen einige und immer mehr Männer das auch wahr. Ja, auch Männer können halbtags arbeiten, und haben dann Raum für ganz neue Erfahrungen, vom einfachen Kinderwagen-schieben, übers nicht mehr so einfache Einkaufen, zum Kochen, Waschen, mit den Kindern zusammen sein und nahe sein bei ihren Schmerzen und bei den Freuden: Es macht nicht nur Mühe, sondern auch Spaß, Kinder nicht nur am Wochenende und in den Ferien zu erleben, sondern auch im Alltag! Auch mühsam kann es sein, ja, aber auch „sehr gut"! Und was sonst so anfällt im Leben mit Frau und Kindern – von dem allen wissen viele von uns Männern noch immer viel zu wenig – manche heutige Jüngere sind da schon weiter – ja, auch hier bei uns im Land geht es nur Schritt für Schritt, aber das wird kommen. Aufregend neue Erfahrungen warten auf uns! Ja natürlich, das ist auch Plackerei, aber eben auch viel Schönes. Und weniger Geld – sogar das kann manchmal mehr sein. Aber so muss das ja auch nicht bleiben.

Und schließlich: Ich weiß ja nicht, ob ich als Mann das sagen darf, aber ich wage es jetzt einfach: Eine Frau, die merkt, dass es uns um sie zu tun ist, die merkt, dass wir sie „wahr"-„nehmen", so wie Jesus die Maria wahrgenommen hat, eine Frau, die wir entlasten von ihrer Rolle – mit Geduld, denn auch manchen Frauen sitzt ihre alte Rolle noch tief in der Seele – eine Frau, die merkt, dass es uns um sie zu tun ist - die wird uns vielleicht ganz anders entgegenkommen, als vielleicht bisher? Vielleicht einfach deshalb, weil sie sich wohler fühlt, wenn sie wahrgenommen wird? Zu unseren Füßen sitzen, so wie die Maria, das muss sie ja wirklich nicht...

Ein besserer Spruch als der von der besseren Hälfte sagt jedenfalls, dass die Frauen „die Hälfte des Himmels" sind – Männer: von dieser Hälfte gibt es wahrhaftig noch viel auf die Erde zu uns herab zu holen!

AMEN.

Hiroshima heute
Auferstehungskirche, HH-Lurup, 31.07.2005

Lukas 19, 41-44:

Als Jesus nahe an Jerusalem kam, sah er die Stadt an und weinte über sie und sprach: Wenn doch auch du erkenntest zu dieser Zeit, was zu deinem Frieden dient! Aber nun ist's vor deinen Augen verborgen. Denn es werden über dich die Tage kommen, dass deine Feinde werden um dich und deine Kinder einen Wall aufwerfen, dich belagern und an allen Orten ängstigen; und werden dich schleifen und keinen Stein auf dem anderen lassen, darum dass du nicht erkannt hast die Zeit, darin du heimgesucht bist.

Liebe Gemeinde,

„Wenn du doch erkennen würdest, was zu deinem Frieden dient. Es ist Zeit, noch ist Zeit. Aber nun ist es vor deinen Augen verborgen." Jesus blickt auf die Stadt Jerusalem, er sieht sie vor sich mit ihrem Reichtum und ihrer Pracht, mit ihren Lichtern und ihrem quirlenden Leben. Und er sieht voraus, was nur wenige Jahrzehnte später geschehen wird: Wenn Jerusalem so weiter macht, dann wird es zerstört werden. Das alles beherrschende römische Reich wird keine Aufsässigkeit dulden, kein politisches Abenteurertum. Jesus sieht klar, wohin die Versuche unvernünftiger Rebellenpolitik Israel führen werden. Die Römer werden sich das nicht bieten lassen, sie werden die Stadt, die Hauptstadt Israels zerstören. So ist es gekommen. Jerusalem wurde niedergebrannt, und bald danach gab es gar kein Israel mehr – für fast zwei Jahrtausende. Jesus sieht den riesigen rauchenden Trümmerhaufen vor sich. Er weint über die Zerstörung, über die vielen Toten und Verstümmelten, welche die Belagerung und Verwüstung der Stadt kosten wird, und über das Elend der Überlebenden. Er weint über die Unvernunft derer, die dies Unglück verschulden werden – sie haben nicht erkannt, was zum Frieden gedient hätte, als noch Zeit war.

Denn Frieden wäre möglich gewesen – wenn Vernunft die Bedingungen erkannt hätte, und wenn danach gehandelt worden wäre. Ja, *Frieden*: Allerdings, das wäre ein römischer Friede gewesen, ein Leben unter strenger römischer Oberhoheit, die pax Romana. Aber eben: Frieden, Leben, Kinder haben, Handeln, Arbeiten, Produzieren. Nein, kein Paradies, kein Reich Gottes auf Erden, und eine freie Nation schon gar nicht. Aber darum geht es Jesus hier offensichtlich nicht. Jesus als vernünftiger politischer Pragmatiker, das ist etwas ungewohnt für uns. Hier geht es nicht um das Reich Gottes, sondern ganz pragmatisch: Um Frieden. Aber Jesus steht damit in einer Jahrhunderte langen prophetischen Tradition. Mehrmals in der Geschichte des alten Israel haben Propheten die israelischen Könige im Namen Gottes zu kluger, *pragmatischer* Politik gegenüber damaligen Großmächten (Assyrien, Babylonien) gemahnt, um Israel nicht an blutigen Freiheitskriegen oder unverantwortlicher Macht- und Schaukelpolitik untergehen zu lassen. Mal hatten sie Erfolg, mal auch nicht. Im Jahr 587 vor Christi Geburt war Israel schon einmal untergegangen, der Prophet Jeremia hatte erfolglos gewarnt und ging dann mit Jerusalem zugrunde. Die Folge war Deportation, die berühmte babylonische Gefangenschaft. Auch damals wohl vor allem Folge politischer Unvernunft.

Das ist unser Text für heute, und er handelt von wirklich geschehener Geschichte, jetzt nur kurz angedeutet, und es ist lange her. Kann man – können wir heute daraus etwas lernen? Für Hiroshima und die Folgen? Mit dem Thema einer Veranstaltung zu diesem Hiroshima-Tag hat die Auferstehungsgemeinde wahrlich ein gewaltiges „Fass aufgemacht". Was dient zu unserem Frieden, heute? Erkennen wir das? Können wir es überhaupt erkennen? Oder ist es auch vor unseren Augen verborgen? Vor Angst und Kurz-sichtigkeit? Und falls wir etwas erkennen, was können wir kleinen Leute tun? Und erst angesichts des Themas Atombombe? Das sind die Fragen, und das sind viele Fragen auf einmal. Ich will nicht so tun, als könnte ich sie alle schlüssig beantworten. Trotzdem will ich wenigstens versuchen, an *einer* Frage zu arbeiten: Was könnte Vernunft, pragmatische politische Vernunft im Sinne Jesu heute sein – angesichts dessen, dass Tausende von Atomsprengköpfen in vielen Ländern existieren, immer noch auch bei uns im Land? Denn ganz gewiss will doch Gott nicht, dass die Menschheit auf diesem Planeten Erde sich selbst zerstört! Das glaube ich mit aller meiner Kraft und Vernunft.

Bis hin zu Hiroshima und Nagasaki war es so wie immer: Wenn Diplomatie keinen Ausgleich der Interessen schaffte, dann wurde um die Wette gerüstet und Krieg gemacht - zwischen großen und kleinen Mächten. Mit allen furchtbaren zerstörerischen Folgen, aber Krieg gehörte halt dazu. Mit den technologischen 'Verbesserungen' der Waffen nahmen Zerstörungen und Menschenverluste immer mehr zu, vor allem der Zivilbevölkerung – bis eben hin zu Hiroshima. Die Atomwaffen aber haben diese traditionelle, schlimme, seit Jahrtausenden geübte Handlungsweise offenbar an ein Ende gebracht, wenigstens im Großen: Denn nun droht bei einem Angriff mit diesen Waffen auch die Selbstzerstörung, ja, die Zerstörung des Lebens auf dieser ganzen Erde. Seit dieser Zeit gilt das Wort von

Carl Friedrich von Weizsäcker, „Mit der Bombe leben"
vielen als eine endlich sinnvolle politische Maxime.
Denn „weg-erfinden" können wir die Bombe nicht
mehr. Das schreckliche gegenseitige Drohpotential
bleibt, aber es blockiert sich gegenseitig, es hat sich
sozusagen gegenseitig totgelaufen. Die großen Mächte
haben dem Rechnung getragen, haben teilweise
abgerüstet und einen Sperrvertrag etabliert, der auch
mehr oder weniger funktioniert – mühsam und
wacklig freilich, aber immerhin. Sogenannte kleine
Kriege, nicht weniger grausam als früher, die gibt es
aber weiterhin.

Und das ist offenbar das Problem, mit dem wir es jetzt
zu tun haben: Die Ungleichheit. Es gibt die großen, die
'offiziellen' Atommächte (USA, Russland, China, Groß-
britannien, Frankreich), und es gibt die 'inoffiziellen'
kleinen – Israel, Iran, Indien, Pakistan, Nordkorea –
und vielleicht noch andere mehr. Das macht Angst.
Dass kleine und kleinste Mächte oder Gruppen sich
illegal Atom-Material verschaffen und damit nun
drohen oder sogar versuchen, wirklich damit zu
bomben, das macht Angst.

Aber damit sind wir auch gleich bei dem globalen
Nord-Süd-Problem, das dahinter liegt - bei dem
Problem, zwischen reichen und armen Ländern,
zwischen Mächtigen und Ohnmächtigen. Aber die
Ohnmächtigen sind eben nicht mehr komplett
ohnmächtig, sie könnten den Atom-Frieden gefährden
und Schlimmes anrichten. Keiner von uns weiß - und
ich vermute, auch viele Politiker wissen nicht - was da
im einzelnen droht. Kriege und Kriegsdrohungen gibt
es ohnehin genug.

Ja, das macht Angst. Es gibt viele Ängste heute, und

wir haben uns allmählich daran gewöhnt, so zu leben. Wie zu leben? Wir verdrängen diese Ängste, damit wir unseren Alltag überhaupt bewältigen können. Am besten gar nicht dran denken. Es gibt immerhin genügend Alltagsprobleme und Ängste, die uns viel näher liegen als die Angst vor Atomexplosionen. Näher liegen uns im Moment vielleicht die Ängste vor dem Terrorismus der verzweifelten Fanatiker aus der Dritten Welt, die „nur" mit „normalem" Sprengstoff arbeiten.

Aber noch einmal: Was heißt, was könnte heute heißen, pragmatische politische Vernunft im Geiste Jesu Christi? Was sollen wir erkennen, was könnte uns zum Frieden dienen?

Es gibt einen anderen Text im Lukasevangelium, im Kapitel 13. Da ist ein Wasserviadukt zusammengebrochen in der Nähe von Jerusalem (der „Turm von Siloah") und hat 18 Menschen erschlagen. Leute kommen zu Jesus und wollen ihn wie üblich in eine theologische Debatte verwickeln. Sind die 18 nun schuldig oder sind die besonders sündig gewesen, oder was ist denn Gottes Gerechtigkeit. Jesu Wort dazu: „Wenn Ihr euch nicht ändert, werdet Ihr alle auch so umkommen". Wenn ihr euch nicht ändert - das meinte damals alle, und das meint heute uns alle. Könnte hier ein Schlüssel für eine Antwort auf die Frage liegen, was uns heute zum Frieden dient?

Wir hier in Deutschland oder gar wir hier in unserem Stadtteil haben direkt überhaupt keinen Einfluss darauf, wie in der weiten Welt mit Atomwaffen umgegangen wird. Aber wir können etwas sehen: Es gibt unglaubliche Ungerechtigkeit auf diesem unseren Planeten Erde. Und diejenigen, die unter dieser

Ungerechtigkeit leiden, die in ihrer Menschenwürde beleidigt werden, die von Hunger bedroht sind, die uns unseren Wohlstand mit ihrem Blut und Schweiß ermöglichen, sie gehen zu Hunderttausenden daran zugrunde, - aber sie haben angefangen sich zu wehren. Ob das nun Staaten sind, oder ob es kleine Gruppen sind, die herumbomben. Da könnten wir allmählich etwas merken, wenn wir es denn merken wollen. Wenn wir es erkennen wollen. Und ich denke – und das ist *meine* Erkenntnis aus diesem unseren Evangelientext – hier können wir etwas machen, wenn wir uns nämlich ändern, unseren Egoismus erkennen, unsere begrenzten Möglichkeiten nutzen, aus der alltäglichen Verdrängung unserer sehr berechtigten Angst auftauchen und uns aktivieren. Das dient zu unserem Frieden. Übrigens auch ganz subjektiv: Es tut einfach gut, wenn man sich bewegen kann, in Ruhe und Zuversicht noch dazu, gar nicht hektisch oder hysterisch. Ob wir damit Erfolg haben können, wird sich zeigen. „Viele Wenig machen ein Viel", habe ich mal als Kind gelernt, wohl in ganz anderen Zusammenhängen. „Viele kleine Leute an vielen kleinen Orten, die viele kleine Schritte tun, können das Gesicht der Welt verändern, können nur zusammen das Leben bestehn. Gottes Segen soll sie begleiten, wenn Sie ihre Wege gehn," heißt ein kleines Lied. Was diese Worte sagen, gibt keine Sicherheit, sie weisen uns auf einen mühsamen und langwierigen Weg, aber es ist nach meiner Überzeugung unsere Chance, in der auch noch eine frohe Gewissheit liegt.

Diese Überzeugung ist immer noch nicht sehr populär bei uns. Und dass Armut und sinnlose Arbeitslosigkeit ein Kriegsgrund ist, wollen auch noch nicht viele von uns begreifen. Wie alle reichen Industriestaaten gibt unser Land nur einen kleinen Teil der vereinbarten Unterstützung für die sogenannte Dritte Welt. Und unsere Politiker wissen, dass ihre Wähler – also wir! – so gar nicht gern abgeben. Diese Einstellung bei uns, bei jedem einzelnen von uns, müssen wir ändern, wenn sich etwas ändern soll. Wir müssen lernen, für weltweites soziales Leben einzutreten. Es gibt schon Aktivitäten, denen man sich anschließen kann, sie wirken aber immer noch nur eher am Rand des Geschehens. Das schöne Wort von der „Weltinnenpolitik" muss endlich Wirklichkeit werden. Damit nicht es nicht passiert, dass kleine Staaten oder gar enttäuschte Fanatikergruppen zur verzweifelten Zerstörung und Selbstzerstörung greifen.

Es gibt viele Möglichkeiten, etwas zu tun. Gemeinsam. Es fängt klein an. Vor Ort. Daran mitzuwirken kann bei allem Frust auch Freude machen. Man muss es wollen und sich bewegen. Ich sage es noch einmal: „Viele kleine Leute an vielen kleinen Orten, die viele kleine Schritte tun, können das Gesicht dieser Erde verändern.." Darum geht es.

Wenn wir doch erkennten, was zu unserem Frieden dient. Ist es verborgen vor unseren Augen? Es muss nicht verborgen bleiben. Es ist nicht verborgen, es ist zu sehen. Und der Friede Gottes, höher als unsere Vernunft, der unsere Vernunft stärkt, und der tiefer ist als all unsere Angst, der bewahre unsere Herzen und Sinne in Christus Jesus.

AMEN.

Wort und Glaube

Auferstehungskirche HH-Lurup, 17.02.2008

Hebräerbrief 11, 1 + 8-10:

Es ist aber der Glaube eine feste Zuversicht auf das, was man hofft, und ein Nicht-Zweifeln an dem, was man nicht sieht. Durch den Glauben wurde Abraham gehorsam, als er berufen wurde, in ein Land zu ziehen, das er erben sollte, und er zog aus, ohne zu wissen, wohin er kommen würde. Durch den Glauben lebte er als Gast in dem verheißenen Land wie in einem fremden, und wohnte in Zelten mit Isaak und Jakob, den Miterben der selben Verheißung. Denn er wartete auf die Stadt, die einen festen Grund hat, deren Baumeister und Schöpfer Gott ist.

Liebe Gemeinde,

wer war dieser Abraham, von dem hier die Rede ist? Er gilt ja als das große Vorbild des Glaubens für Juden und Christen in der Bibel – übrigens auch für die Muslime im Koran. Aber was war das für ein Mensch, was ist das für eine Geschichte? Im ersten Mosebuch wird sie erzählt. Abraham lebt zunächst angesehen und wohlhabend im fruchtbaren Zweistromland, weit weg von Israel. Und dann bekommt er einen Ruf, einen Ruf, wie es heißt, von Gott selbst.

"Geh aus deinem Vaterland und von deiner Verwandtschaft und aus deines Vaters Hause in ein Land, das ich dir zeigen will. Und ich will dich zum großen Volk machen und will dich segnen und dir einen großen Namen machen und du sollst ein Segen sein.."

Ein Ruf von Gott – das lassen wir erstmal so stehen. Und nun? Abraham träumt nicht. Er geht los. Das muss man sich vorstellen. Er ist nicht mehr der Jüngste, seine

Frau Sara auch nicht. Er lässt sein Haus, seine Verwandten, seine Freunde, seine Verbindungen, sein "Netzwerk", wie wir heute sagen, seine Heimat - das lässt er alles hinter sich. Gegen alles Kopfschütteln seiner Umgebung an. Entgegen auch aller Vernunft, wie es scheint. Er wandert aus. Nur er und seine engste Familie. Sie gehen los, eine Karawane, zu Fuß, mit einer Kleinvieh-Herde, sie gehen auf einen weiten Weg, nur auf das Wort hin, auf die Verheißung Gottes hin. Unterwegs geht es ihm öfter gar nicht gut. Er lebt als Nomade in Zelten, und schließlich auch wie ein Fremder, ein Zugereister in dem Land, das ihm doch verheißen ist, das ihm aber gar nicht freundlich entgegenkommt. Entgegen aller Wahrscheinlichkeit bekommt er schließlich im hohen Alter noch den Sohn Isaak, immerhin *eine* ersehnte Erfüllung.

Doch den Sohn verliert er um ein Haar wieder, weil er in seinem super-strengen Glauben meint, Gott habe ihm gesagt, er solle den Sohn opfern - ein ganz schlimmes Glaubens-Missverständnis! Gott sorgt zwar dafür, dass dann doch kein Unglück passiert. Doch das ist eine schreckliche Geschichte – sie zeigt, was aus dem Glauben *auch* werden kann, wenn er starr und stur gelebt wird. Wenn nicht mehr rechts und links, sondern nur noch zwischen Scheuklappen geradeaus gesehen wird. Dass Menschenopfer in Israel verboten sind, *das* sagt diese Geschichte, und dass Abraham nicht mehr seiner engen grausamen Glaubens-vorstellung, sondern dann doch dem befreienden Gott folgen soll, das wird sogar heute noch missverstanden! Der Sohn des geretteten Isaak, das wird dann Jakob mit seinen 12 Söhnen, aus denen später wirklich das "große Volk" wird, die 12 Stämme des alten Volks Israel. Die Verheißung ist eingetroffen.

Ich habe in der Kürze noch viel ausgelassen, es lohnt sich, mal nachzulesen in der Bibel, 1. Mose 12 und die folgenden Kapitel, das sind tolle Geschichten! Immer wieder geht es da auch um Irrtum und kurzsichtig falsches Handeln Abrahams – doch dann findet er auch immer wieder zurück zum Glauben, Gott hilft ihm und Gott segnet ihn. Abraham, das verehrte große Vorbild des Glaubens der drei großen monotheistischen Religionen, ein Mensch, der den Glauben versucht, der Gott vertraut, gegen alle Widerstände an, aber er ist auch ein Mensch mit Zweifeln und schlimmen Charakterschwächen, den Gott immer wieder zurechtbringen muss.

Also eine schöne Geschichte, und eine realistische Geschichte, die nichts beschönigt, aber die uns darauf hinweisen will: Gott lässt den, der ihm glaubt, nicht im Stich. Die Verheißung hat sich erfüllt. Wer auf Gott vertraut, hat es nicht leicht, aber er wird nicht zu Schanden.

Freilich kann einer sagen: Das ist ja von hinterher erzählt. Hinterher weiß man immer mehr. Wir heute leben doch immer wieder *vor* einer Lebensstrecke, die dunkel ist. Jeder ganz persönlich, immer wieder - aber auch im Großen gilt das: Was wird aus unserer Erde, was wird aus uns? Was ist denn uns verheißen? Was kann uns denn so eine – damals geglückte! - Geschichte sagen? Wir leben doch sozusagen im gelobten Land. Und nicht in Zelten und mit Kleinviehherden. Unser Leben ist ganz anders. Auch ganz anders gefährdet. Aber die Bibel erzählt ja Geschichten nicht nur weil sie schön und anrührend sind. Sie will wegweisend sein für uns, aus ihr soll Gottes Wort für uns sprechen. Eine geglückte Geschichte, was soll sie zu unserer offenen Geschichte sagen?

Da muss man offenbar noch mal tiefer graben, bloßes Erzählen hilft noch nicht. Ich will also etwas sagen darüber, was Glauben denn heute heißen kann – in Erinnerung an den alten Abraham. In der Kürze einer Predigt kann das nicht erschöpfend sein, aber ich versuche es. Drei Merkmale scheinen mir wichtig zu sein:

Erstens: Wenn man den Glauben von Abraham nachdenklich ansieht, dann fällt jedenfalls mir zuerst eins auf: Ob "es Gott gibt" oder nicht, das ist für Abraham offenbar keine Frage. Er muss Gott gar nicht „für wahr halten", als „Tatsache". Gott spricht zu ihm, und er glaubt. Da mag man sagen – ok, Altertum, das war damals so, Religion gehörte zum Leben, das ist doch heute nicht mehr selbstverständlich. Da wäre ich allerdings lieber vorsichtig! Auch heute gibt es genügend "Götter". Geisterglaube, Spiritismus, Aliens haben Konjunktur. Aber weiter: Wie ist es mit den Stars, den Idolen im Fußball oder in den Medien? Oder wie ist es mit den Göttern, die Markt, Reichtum und Macht heißen? Das ist doch Religion! Das ist doch Glaube! Sogar ganz real und kräftig! Für alle, die heute noch meinen, Atheisten zu sein, gilt überdies immer noch das Wort Luthers: „Woran du nun dein Herz hängst, *das* ist dein Gott"! Woran hängen wir in Wahrheit unser Herz? Also, ob es Gott und Götter "gibt" oder nicht, das war nicht nur für den alten Abraham keine Frage. Ich finde, das ist auch heute keine Frage. Götter existieren und üben Macht aus über uns. Sie fordern – und sie finden Glauben. Aber Gott? Unser Gott? Ist der anders? Und unser Glaube? Abrahams Glaube?

Also das ist das eine: Das Für-wahr-halten von

sogenannten "Tatsachen", das ist noch kein Glaube. Glaube ist was anderes. Was noch? Sehen wir bei Abraham nach: Wie war das? Der glaubt dem Wort, das Gott an ihn richtet - und dann geht er wirklich los. Er zieht Konsequenzen, er bewegt sich, er tut etwas. Glaube hat also zum anderen etwas mit Handeln und Tun zu tun. Ohne Tun ist kein Glaube. Ohne Tun ist das bloß ein folgenloses Phantasieren. Ja, fromm sein und beten ist auch ein Tun. Aber das hat Abraham sicher ohnehin getan – er geht aber auch in seiner äußeren Lebenswirklichkeit los. Im Vertrauen auf Gottes Wort an ihn hält er dann auch mancherlei aus – er, der ehemals Sesshafte lebt wieder im Zelt. Er, der Heimatlose lebt in der Fremde. Doch er bleibt bei der Hoffnung. Und er vertraut sogar so sehr auf Gott, dass er auch mal irrt, schrecklich irrt, beinah zum Mörder an seinem Sohn wird, weil er meint, das Opfer verlange Gott von ihm. Aber er wird auch wieder zurechtgebracht. Gott verlässt ihn nicht.

Andere Götter sind nicht so verlässlich, das sollten wir denn doch aus dieser alten Abraham-Geschichte auch lernen, falls wir's nicht doch schon lange wissen aus der schmerzlichen Geschichte unseres Volkes. Nein, Gott ist anders, stiller, man kann ihn überhören. Aber er ist verlässlich, auch wenn es über Zeiten ganz anders aussieht.

Bleibt vielleicht als Drittes die Frage für uns: Woher kriegen denn wir heute den verlässlichen Ruf Gottes an uns her? So direkt wie in dieser alten Geschichte redet ja Gott heute offenbar nicht mehr. Und wirklich sollten wir sehr aufpassen, wenn jemand behauptet, er sei ein Gesandter Gottes, oder er habe in Träumen und Visionen direkte göttliche Botschaften an uns, wir Deutschen sollten da wirklich gebrannte Kinder sein, nachdem wir unsere Erfahrung gemacht haben mit jemanden, der sich auf die "Vorrrsähung.." berief. Der mit spektakulären Gewalt-Erfolgen warb und unser Land damit ins Unglück stürzte. Ein fast sicheres Zeichen ist: Wo immer Glaube und Religion sich mit Gewalt verbünden, da ist Gott *nicht* mehr dabei, das hat Abraham hautnah erfahren, und das sollten wir aus unserer Geschichte lernen – alle Religionen müssen das lernen, das sagt der wirklich an Gott glaubende Glaube – ach, das sagt doch schon die Vernunft.

Es gibt klare Weisung: Wir haben in den zehn Geboten und in der Bergpredigt (um nur diese zu nennen) klare und verlässliche Weisung, woran wir uns halten sollen – und auch können. Es kann sehr befreiend sein, sich auf die Frage einzulassen, ob ein Plan oder eine Idee den Geboten und der Bergpredigt entspricht oder nicht. Und weiter: Wir dürfen glauben, dass wir aus Irrtum und Verranntheit auch wieder zurückfinden können, täglich, alltäglich neu. Das ist unsere heutige Verheißung. Die gilt uns ebenso wie damals dem alten Abraham. Damit wird nicht alles einfach – einfach war das alles auch für Abraham nicht. Aber auf den Weg gehen, auf unseren Weg, das können wir, gegen Widerstände an und trotz sicher viel Frust, Arbeit und Aushalten – und auch manchem Leid. Nach den Geboten und der Bergpredigt unsere Vernunft ausrichten und gebrauchen, und uns die Angst vor der Zukunft durch Gottes Weisung nehmen lassen. Ihm vertrauen, Hoffnung festhalten und nicht aufgeben. Das soll unser heutiger "Abrahamsweg" sein.

Ich muss wohl nicht noch eigens ausführen, was das für unsere Fragen nach Frieden, Gerechtigkeit und der Bewahrung der Schöpfung bedeuten kann und muss, und wie wir und unsere Kirche uns dazu stellen sollen. Darüber wieder ein andermal mehr. Heute nur dies: "Abraham glaubte dem Wort, und das wurde ihm zur Gerechtigkeit gerechnet", sagte der Apostel Paulus. „Es ist aber der Glaube eine feste Zuversicht, und ein Nichtzweifeln an dem, das man nicht sieht", so definiert einfach und klar unser Predigttext. Ich denke, es macht Sinn, wenn wir das versuchen, für uns selbst und für unsere Kinder und Kindeskinder, immer wieder. Auf den Weg gehen, auf unseren "Abrahamsweg" und "warten auf die Stadt, die einen festen Grund hat, deren Baumeister und Schöpfer Gott ist".

AMEN

Adlerflüge und Vernunft
Dietrich Bonhoeffer-Kirche Kiel-Schilksee, 30.03.2008

Jesaja 40, 26-31:
Hebt eure Augen in die Höhe und seht! Wer hat dies geschaffen? Er führt sie alle daher, vollzählig ruft er sie beim Namen, nicht eins von ihnen fehlt, so groß ist seine Macht und seine Kraft. Warum sprichst du denn, Jakob, und Israel, warum sagst du: Mein Weg ist dem Herrn verborgen, und mein Recht geht vor meinem Gott vorüber? Weißt du nicht? Hast du nicht gehört? Der Herr, der ewige Gott, der die Enden der Erde geschaffen hat, er wird weder müde noch matt, seine Einsicht in die Zusammenhänge ist unerforschlich. Er gibt dem Müden Kraft, und Stärke genug dem Ohnmächtigen. Männer werden müde und matt, und Jünglinge straucheln und fallen, aber die auf den Herrn harren, kriegen neue Kraft, dass sie auffahren mit Flügeln wie Adler, dass sie laufen und nicht matt werden, dass sie wandeln und nicht müde werden.

Liebe Gemeinde,

wer traurig ist und mutlos, senkt die Augen. Der Umkreis wird eng, wie von Mauern abgegrenzt. Der Himmel ist grau, niedrig und drückt – und falls er doch blau und hell sein sollte, dann erträgt man das kaum und verkriecht sich lieber, allein und isoliert. Aus so einem Zustand kommt man für sich nur schwer heraus.

Da muss am besten jemand kommen und einen anstoßen, vielleicht sogar körperlich anfassen oder knuffen – höi, guck doch mal ! Oder leise streicheln. Sieh mich an, sieh dich um, guck nicht immer runter, was ist denn los mit dir? Das kann wie eine Erlösung sein, wenn man so angeredet wird, dann ist Sprechen möglich, man kann sein Leid klagen, es gibt wieder Kontakt mit dem Leben und der Welt. Glücklich, wer Menschen um sich hat, die den Mut haben, das zu wagen, die das auch ein wenig können und den richtigen Ton finden. Dann ist man schon eine ganze Ecke weiter.

"Hebt eure Augen in die Höhe und seht", so fängt unser Text an. Seht euch doch um! Angeredet sind Deportierte. Die Großmacht Babylon hat sie verschleppt, ins Exil. Ihr Land Israel ist besiegt. Ihre Heimatstadt Jerusalem ist zerstört. Das war 587 v.Chr. Wir wissen wenig über das Leben dieser Deportierten, aber in einem Psalm heißt es "An den Wassern zu Babel saßen wir, und weinten, wenn wir an Zion gedachten" (Ps. 137,1). Zion, das ist der Tempelberg in Jerusalem mit dem jetzt niedergebrannten Tempel Salomos. Aus der Rückschau ist das geschrieben. Geweint haben sie (da löst sich ja schon etwas). Erinnern konnten sie sich – aber eine Perspektive in eine Zukunft sahen sie nicht. Schluss. Ende. Es bleibt, wie es ist.

Man kann so einen anscheinend aussichtslosen Endzustand erträglicher machen, indem man die Lage akzeptiert wie sie ist. Realist sein, sagt man dann, überleben ist erstmal alles. Das ist schon etwas, und manchmal ist es ja auch das einzige, was geht. Die Verschleppten haben sich nach dem wenigen, das wir wissen, sehr wohl auch eingerichtet in der Fremde. Mit Vernunft und mit Tüchtigkeit. Aber vor allem: Sie haben Trauerarbeit geleistet, sie haben Fehler der Vergangenheit analysiert, die beiden sogenannten Königsbücher des Alten Testaments sprechen davon, die sind, wie man herausgefunden hat, wohl hauptsächlich im babylonischen Exil entstanden. Da wird sehr massiv auch mit den Sünden im sozialen, politischen und vor allem religiösen Leben Israels in der Vergangenheit abgerechnet, mit Hochmut und Großmannssucht, mit der Bedrückung der Armen und mit politischen und wirtschaftlichen Fehlspekulationen, was alles die Katastrophe Jerusalems im Jahr 587 vor Chr. verursacht hatte, als die Babylonier nach der Eroberung Jerusalems die Stadt niedergebrannt und zerstört hatten.

Trauerarbeit - das geht tiefer als das bloße Hinnehmen des jetzigen Zustands. Doch der Versuch dieser "Bewältigung der Vergangenheit" allein, rückwärts gewandt, der klopft immer noch nur erst an die Tür der Zukunft. Das bleibt erst nur ein verzweifeltes Rütteln und Ringen. Immer noch mit gesenkten Augen. Weinend. Mit Schmerzen. Wir haben uns vergangen, ja, wir haben versagt. Und da steckt auch das andere drin: Wie kann Gott das zulassen. Oder auch so: Gott, der hat uns verlassen, oder: Gott, den gibt es doch gar nicht - Fehler, jaja. Aber wie nun weiter? Was soll dies „die Augen aufheben"? Also - "Es bleibt doch alles, wie es iiist" (Wolf Biermann). Das Gewicht des Riesenreichs Babylon bleibt unverrückt, stabil, wie zur Ewigkeit. Da stecken wir drin. Festgerammt.

Aber da gab es unter den Exilierten in Babylon Menschen, die aufrütteln konnten. Propheten. Unser Predigttext ist ein Prophetenwort aus dem Buch Jesaja. Der Sprecher ist ein Unbekannter, Deuterojesaja, der andere Jesaja wird er von den Historikern genannt. Der bleibt nicht bloß beim Befehl „Hebt die Augen auf, seht euch um". Dieser Prophet geht weiter, er geht ins Gespräch. Das kann nachdenklich machen. Also nicht nur das befehlende "guckt euch doch um". Von ihm kommt ein liebevoller Ruf: "Weißt du nicht? Erinnerst du dich nicht? Hast du nicht gehört"? Woran sollen die elenden Exilierten, die Resignierten, die Hoffnungslosen sich erinnern?

An zweierlei: Das Erste - *nicht* die Großmacht regiert die Welt, sondern viel höher und ganz zuletzt - Gott selbst. "Hebt eure Augen auf und seht – wer hat dies alles geschaffen?" Der stille und nachdenkliche Blick in die wunderbar geschaffene Natur heißt: auch die Großmacht ist unter Gott. Und: Gott ist weiter da, sogar auch dann, wenn ihr von ihm abgefallen seid.

Das zu sehen, braucht es wirklich einen strengen, aber liebevollen Knuff in die Seite. Das wieder zu hören, braucht es einen anderen Menschen, der die trotzige, verzweifelte Tür im Herzen anwärmt, aufweicht, sie wegschiebt, wenn die Augen gehalten sind und immer noch nur auf die Katastrophe starren wollen. So sagt der Prophet weiter: Gott ruft alles Geschaffene "mit Namen" – also nicht nur die Großmacht "mit ihrem Heer", sondern auch jedes Tier, jede Pflanze, jeden Stein. Und jeden von Euch kennt er auch und ruft euch, die ihr leidet und resigniert seid. Ja, es war wichtig für die Exilierten zu erinnern: Wir sind nicht, wie es manchmal doch scheint, nur irgendein Sandkorn unter den Milliarden Erscheinungen und Gegenständen und Lebewesen dieser Erde. Sondern mit *Namen* sind wir Gott bekannt, mitten in unserem Elend. Und mit unserem Namen ruft er uns heraus aus der Resignation in eine Zukunft, und zwar in eine, die sich lohnt, die Sinn macht. Mit Namen sind wir, jeder und jede von uns, Gott bekannt. Sich beim Namen nennen zu lassen, ernst genommen zu werden, das tut gut, auch wenn's „rational" schwierig und irgendwie nicht nachvollziehbar scheint. Hier wird unser Herz angesprochen, ich bin nicht irgendwer, ich bin Gott gut bekannt, wir sind Gott bekannt.. "Fürchte dich nicht, ich habe dich erlöst, ich habe dich bei deinem Namen gerufen, du bist mein", lässt der gleiche Prophet an anderer Stelle Gott sagen. Wir sollten in diesen Ruf hineinhören und ihm nachsinnen, auch wir heute, wo doch so vieles von riesigen Mächten festgerammt scheint, und das *was* sich bewegt, sich zum Unglück hin zu bewegen scheint.

Und das *Zweite* – da muss ich nun wirklich fast nur noch zitieren: "Weißt du nicht, hast du nicht gehört? Der Herr, der ewige Gott, der die Enden der Erde geschaffen hat, der wird nicht müde noch matt, sein Tun *ist* zwar unerforschlich, ja!, das schon, Aber: Er gibt dem Müden Kraft und vermehrt die Stärke der Schwachen". Kraft genug den Ohnmächtigen, so übersetzte Luther. Männer dagegen werden müde und matt, und Jünglinge straucheln und fallen, Frauen und Mädchen nicht minder. „Aber die auf den Herrn harren, die kriegen neue Kraft, dass sie auffahren mit Flügeln wie Adler, dass sie laufen und nicht matt werden, dass sie wandeln und nicht müde werden". Ja, man kann tatsächlich die Erfahrung machen, dass es sich *lohnt*, sein Leben umzuorientieren, "auf den Herrn zu harren, auf ihn zu hören". Auf ihn, und nicht auf die unsicheren, babylonischen Religionen von Wirtschaft, Politik, Konsum. *Da* ist gar nichts sicher.

Liebe Gemeinde, biblische Weisheit und Wahrheit macht Sinn. Sie setzt sich manchmal ganz unvermerkt durch – auf menschliche Weise, gewiss, und für unsere Augen auch fast nie unzweifelhaft – und immer wieder neu unvollkommen. Wir leben auf der Erde, nicht im Himmel. Aber dazu sind *wir* nun da, um aus dieser Erde eine bewohnbare Heimstatt zu machen. Im Hören auf Gottes Wort.

Auf sehr menschliche Weise hat sich übrigens damals die Situation tatsächlich geändert. Unerwartet für alle Resignierten: Das Großreich Babylon wurde von dem noch größeren persischen Großreich unterworfen. Schrittweise durften danach die Exilierten zurück nach Jerusalem, das persische Großreich betrieb eine klügere Regionalpolitik, als die jetzt selbst unterworfene Diktatur Babylons. Nicht alle Israeliten gingen zurück, und die Anfänge im zerstörten Jerusalem waren kümmerlich und klein. Es gab auch neue Konflikte. Aber immerhin.

Man meint übrigens, der Prophet habe dies geahnt oder auch politisch so eingeschätzt. Ja, wer weiß, vielleicht war er auch politisch klug. Auf Gott zu hören, auf seine Gebote zum Beispiel, das kann auch den politischen Verstand klären, das kann das Denken entkrampfen, kann Vorurteile aufweichen und festgerammte Resignation überwinden, kann die Phantasie der Vernunft entbinden. Das können wir heutzutage auch brauchen, denke ich. "Hebt eure Augen auf und seht!" Wir sind nicht allein. Und wie können wir das merken?

Als der Pastor Heinrich Albertz in Berlin Innensenator werden sollte und seinen Bürgermeister Willy Brandt fragte, wie denn ausgerechnet er ausgerechnet dazu geeignet sein sollte, da sagte der zu ihm: "Du hast wenigstens die zehn Gebote".

Und der Friede Gottes, höher als unsere Vernunft, tiefer als unsere Angst, der bewahre unsere Herzen und Sinne und unseren Verstand – durch Jesus Christus unseren Bruder und Herrn.   AMEN

Schatz und Tonkrug
Dietrich Bonhoeffer-Kirche Kiel-Schilksee, 01.06.2008

2.Kor 4, 6-10:

Gott, der da hieß das Licht aus der Finsternis hervorleuchten, der hat einen hellen Schein in unsere Herzen gegeben, dass durch uns entstünde die Erleuchtung zur Erkenntnis der Herrlichkeit Gottes in dem Angesicht Jesu Christi. Wir haben aber solchen Schatz in irdenen Gefäßen, auf dass die überschwängliche Kraft sei Gottes und nicht von uns. Wir haben allenthalben Trübsal, aber wir ängsten uns nicht. Uns ist bange, aber wir verzagen nicht. Wir leiden Verfolgung, aber wir werden nicht verlassen. Wir werden unterdrückt, aber wir kommen nicht um. Und tragen allezeit das Sterben Jesu Christi an unserem Leibe, auf dass auch das Leben Jesu an unserem Leibe offenbar werde.

Liebe Gemeinde,

in meiner früheren Gemeinde hat unser Kirchenvorstandsvorsitzender einmal ärgerlich ausgerufen: „Was denn - *wir* sind die Kirche, die da oben stören doch nur"! „Wir sind die Kirche", das war in einer Konfliktsituation, die jetzt schon lange her und längst ausgestanden ist. Aber dies „WIR", „wir sind die Kirche", nicht einfach Kirchenleitungen, Bischöfe oder andere Obrigkeiten, das hat mich seitdem nicht mehr losgelassen. Immer wieder habe ich mich daran erinnert, und andere haben mich daran erinnert. "Wir", wir sind die Kirche.

Damit sind wir bereits mitten in unseren Text. Paulus, der Apostel und Gründer der Gemeinde in Korinth ist nicht glücklich über bestimmte Entwicklungen dort.

Aber er trennt die Gemeinde in Korinth und sich selbst nicht, sondern er besteht auf dem „Wir", auf dem „Uns".

Wir haben aber solchen Schatz in irdenen Gefäßen - *Uns* ist bange, aber wir verzagen nicht - *Wir* werden unterdrückt, aber wir kommen nicht um.

Ich möchte das auf uns übertragen: „Wir" sind die Kirche, das heißt wirklich: wir alle. Also wir Kerngemeinde, wir bezahlten Mitarbeiter, wir Ehrenamtliche, wir Randsiedler, wir sogenannte Kirchenchristen, wir Einmal-im-Jahr-in-die-Kirche-Geher, ja: auch wir Konfirmanden, die ihr ein bisschen gezwungen jetzt hier sitzt. Und auch die zu Hause gebliebenen gehören dazu, aus welchen Gründen auch immer sie heute nicht hier sind. Und schließlich doch auch „die da oben", die Bischöfe und Oberkirchenräte, die einen ja manchmal wirklich stören können, auch sie gehören dazu, wir brauchen sie, sie gehören auch zu dem „Wir". So also nach dem großen Apostel Paulus.

Dieses Wir, diese Kirche ist in der Tat manchmal mühsam. Mancher von uns wird schon mal geseufzt haben: Mit dem oder der oder denen zusammen soll ich „Wir" sein, soll ich Kirche sein? Schwierig manchmal. Aber das wird immer so gewesen sein, tröstlich oder nicht. Dass war auch damals in Korinth so, als Paulus sich über seine dortige Gemeinde aufregte. Aber nochmal: Wie geht er mit ihr um? Was bedeutet für ihn konkret das „Wir"?

Das Wichtigste zuerst: Paulus reckt nicht den distanzierenden Zeigefinger aus, kein „ihr" oder „die da", oder „solche, die". Sondern betont und wie selbstverständlich heißt es "wir". Wir gehören zusammen, alle, auch im Streit. Das klingt ja ganz gut, aber dann fragt sich doch, wie macht er das, oder genauer: wie kann dieser Mensch das eigentlich? Und woher nimmt er das Recht zu diesem „Wir"? Und woher die Kraft dazu und die Geduld, die Aktivität und immer wieder auch die Freude daran - trotz alledem? Gehen wir an unseren Text, da steht mehreres dazu:

Paulus macht seinen Korinthern *als erstes* deutlich: Ich wie Ihr – wir kommen von etwas Gemeinsamem her. Von etwas, das vor uns längst da war. Auf dem wir basieren. Von dem wir alle gleichermaßen zehren und leben:

> *Gott, der da hieß das Licht aus der Finsternis hervorleuchten, der hat einen hellen Schein in unsere Herzen gegeben, dass durch uns entstünde die Erleuchtung zur Erkenntnis der Herrlichkeit Gottes in dem Angesicht Jesu Christi.*

Das heißt: Paulus ist so unverschämt zu sagen: Nicht die jeweilige Meinung hat einfach recht, sondern entscheidend ist erstmal der gemeinsame Grund auf dem wir alle stehen. Darauf müssen wir uns beziehen. Davon geht alles aus, das *relativiert* deshalb erstmal alles, eigene Interessen und Voreingenommenheiten hin oder her. Das ist die Grundlage. Alles andere ist erstmal weniger wichtig.

Aber weiter: Wie hält man das denn aus? Wie hält Paulus das aus? Es bleibt doch vieles spannend und angespannt, schwierig und belastend. Seine Antwort: Es ist nicht unsere Kraft, unsere Mühe, unsere Geduld, auf die es ankommt. Wir müssen uns da vielmehr auf etwas einlassen. Und etwas loslassen. Wir müssen uns an etwas *erinnern* – offenbar immer wieder: „Gott hat einen hellen Schein in unsere Herzen gegeben". Er *hat*, heißt es. Und *er* hat. Wir müssen diesen hellen Schein nicht herstellen. Wir müssen ihn vielmehr wahrnehmen, ihn sehen, ihn fühlen lernen. Ihn annehmen. Das hat etwas mit Glauben zu tun, aber das ist wieder keine Leistung oder Kraftanstrengung, das ist stille werden, nach innen lauschen, innerlich hören. Wir sind nicht auf uns selbst zurückgeworfen, nicht auf uns angewiesen. Da ist uns etwas geschenkt. Das ist wahrzunehmen, das ist zu erinnern. Wunderbar genau ist dies Wort: Ins Innere gehen, einhalten, still werden - er-innern.

Kirche ist nicht ein Verein, der um seinen Zusammenhalt kämpfen soll, oder um einen Platz an der Sonne, wie eine politische Partei. Dass Kirche sich so benimmt, dass *wir* uns oft so benehmen, das ist leider oft passiert. Aber in, mit und unter alledem *kann* es eben auch ganz anders sein bei uns. Wir *haben* eine tiefere Basis, die geht tiefer als alles andere, vor allem geht sie viel tiefer als wir selber, und die besteht sicher und gewiss, soviel wir selbst auch daran zweifeln mögen: Gott selbst hat das Licht und das Heil in diese Welt gebracht. Daran müssen wir uns *erinnern*. Wenn wir das wagen, dann kann auch der helle Schein, die Wärme und die Liebe und die Wahrheit in unseren Herzen aufscheinen. Ja, das hat mit Glauben zu tun. Tätiger Glaube ist dies Erinnern. Manchmal anstrengende Arbeit.

Das ist doch wie mit dem Leben selbst: Von dem Geschenk unseres Lebens leben wir, auch wenn wir uns im Alltag immer wieder daran nicht erinnern. Wenn wir uns nicht erinnern, Gott macht das sozusagen nichts aus. Uns fehlt aber dann etwas ganz

Entscheidendes: Bewusstsein, Dankbarkeit für unser Leben. Wärme, Staunen. Ja, Gott ist uns unbekannt und oft nicht zu verstehen. Aber er ist das, von dem alles ausgeht. Im tiefsten ist er auch unsere Basis. Egal, wie wir ihn oder es nennen.

Dazu kommt jetzt noch etwas Entscheidendes: Paulus erinnert seine Korinther daran: Gott, der letzte und tiefste Grund alles Seins, *der hat sich auf uns zu bewegt*, ein für alle Mal, und immer wieder im Lauf der Geschichte. Bis heute will er das und tut er das. Wir können Gottes „Herrlichkeit" erkennen, sagt Paulus – also dies wahrhaft Unheimliche, dass Gott von uns ganz unabhängig ist, ebenso wie dass er sich auf uns zu bewegt hat, beides – „in dem Angesicht Jesu Christi". In dem was Jesus gesagt, getan und gelebt hat, können wir Gott erkennen. Gottes Wahrheit, Gottes Licht, seine Liebe, seine Leidenschaft für diese Welt und für jeden von uns einzelnen Menschen, all das können wir an Jesus Christus ablesen. Ich finde das ein unwahrscheinlich tolles Ding. Schier un-glaublich: Der unbekannte, der uns unzugängliche Gott, der, auf dem wir aber letztlich beruhen, der hat sich in dem Menschen Jesus von Nazareth uns Menschen bekannt gemacht, der will was von uns, von jedem von uns. Dem sind wir wichtig. Der – will uns.

Es hat *diesen* Grund und Hintergrund, dass Paulus in seinem Brief an die Korinther und an uns ganz schlicht und selbstverständlich „wir" sagt und dabei bleibt, trotz aller Schwierigkeiten und trotz allem Streit. Aus dieser Gewissheit zieht er sein Recht, seine Kraft, seine Geduld, manchmal auch seinen Zorn, aber dann auch wieder seinen Humor und seine Selbstironie, ja, bei Gott kann man auch lernen, über sich selbst zu lachen. Nicht umsonst hat später Luther einmal gesagt: Das

Lachen ist die kräftigste Waffen gegen die „Anläufe des Teufels", der Teufel war ja für Luther die Ursache von Zweifeln und Depressionen.

Und was ist es denn anderes als ein feiner, lächelnder Humor, wenn Paulus nun von dem Schatz in „irdenen Gefäßen" spricht. Tongefäße – schartige, braune, zerbrechliche Machwerke, und darin ein glitzernder, kostbarer, Schatz, die leuchtende, wärmende Gottesgewissheit. Wir die Tongefäße, die Kirchen zerbrechliche Tongefäße, - wir unvollkommenen, schwachen Leute sollen im Ernst die tiefe, leuchtende Wahrheit Gottes so verkündigen, „dass durch *uns* entstünde" die Erleuchtung in dieser Welt? Durch uns? Die Erkenntnis der Herrlichkeit Gottes?

Nein, nicht wir werden die Kirche retten. Das ist schon getan und Gott lässt uns nicht allein. Wir sollen und können das Unsere tun, möglichst nüchtern und vernünftig - und in Ruhe. Die Hälfte unserer Streitigkeiten und Enttäuschungen an der Kirche – mindestens die Hälfte, wenn nicht mehr – erledigen sich, wenn wir uns daran erinnern, woher wir kommen und warum wir Kirche sind. Ich sage nicht, dass das immer einfach ist. Aber mit dieser Erinnerung im Herzen ist vieles leichter zu ertragen, kann man leichter aufeinander zugehen, kann man vielleicht auch leichter und fairer streiten und vor allem: leichter Frieden machen. Und: tatsächlich mal nicht nur bitter über andere lachen, sondern auch ganz befreit über sich selbst.

Einen letzten, sehr kühnen Gedanken des Paulus streifen wir jetzt nur noch: Unsere Mängel und Unvollkommenheiten haben geheimnisvoll zu tun mit dem Leiden und Sterben Jesu Christi.

„wir tragen allezeit das Sterben Jesu Christi an unserem Leibe, auf dass auch das Leben Jesu an unserem Leibe offenbar werde".

Ich verstehe das so: Es waren menschliche Mängel, menschliche Gewaltbereitschaft, unheilvolles Herrschafts- und Ordnungsdenken gewesen, woran Jesus zugrundegegangen ist. Ohne dass wir selbst Schuld haben an seinem Tod, tragen wir in unseren Unvollkommenheiten auch die Zeichen seines Sterbens an uns. Wir leiden auch, manchmal sogar sehr – und wir machen andere leiden. Doch nun: So soll auch an uns – Paulus sagt: an unserem Leib – Jesu Leben, seine Auferstehung offenbar werden. Gott und seine tiefe Liebe zu jedem von uns kann unter all unseren Unvollkommenheiten „offenbar" werden. Das unscheinbare Tongefäß kann auf eigene, wundersame Weise durchsichtig werden für den Schatz, so dass man ihn an uns sehen, fühlen, schmecken kann. Denn wie hieß es am Anfang? Durch uns soll Licht in diese schöne, aber immer wieder auch schreckliche Welt kommen. *Durch uns?* Schon erstaunlich. Aber von diesem Licht können wir selbst leben, wenn wir uns darauf einlassen. Dann *entsteht* auch etwas Neues. Das macht Sinn, so macht das Leben wirklich Sinn.

Liebe Gemeinde, in einer kurzen Predigt kann das alles nur angestoßen werden. Es ist etwas zum Nachdenken, zum Nachfühlen, zum innerlich Nach-Summen, immer wieder, für eine Minute, eine Stunde, einen Tag oder länger. Immer wieder neu. So werden wir lebendig.
Der Friede Gottes, höher als unsere Vernunft und tiefer als unsere Angst, der bewahre unsere Herzen in Jesus Christus.
AMEN.

Beten
Dietrich Bonhoeffer-Kirche Kiel-Schilksee, 17.05.2009

Joh 16, 23b-24:
Wahrlich wahrlich ich sage euch, wenn ihr den Vater etwas bitten werdet in meinem Namen, so wird er's euch geben. - Bittet, so werdet ihr nehmen, dass eure Freude vollkommen sei.

Liebe Gemeinde,

Ich weiß nicht, ob jemand unter uns es schon einmal so versucht hat – Gott, ich bitte dich in Jesu Namen – oder lieber Vater im Himmel, ich bitte dich um deines Sohnes Jesu Christi willen. Als Junge habe ichs tatsächlich manchmal versucht, weil wir's ja so machen sollen, in diesem Wortlaut. Aber ob wir Gott damit im Ernst "beknien" können, ob er antwortet, ob unser Wunsch erfüllt wird? Da werden die Erfahrungen doch sehr unterschiedlich sein. Meine waren es jedenfalls. Damit ist eins klar: Eine magische Zauberformel ist das nicht, der die Erfüllung auf dem Fuße folgt – so wie eine Münze, die man einwirft oder wie eine Pizzabestellung durchs Telefon – so funktioniert dies Wort nicht – und also kann es auch so nicht gemeint sein. Aber was soll uns das Wort denn sagen.

Ich vermute, dass manche unter uns ohnehin Schwierigkeiten haben mit dem Beten, so wie wohl viele Menschen heute – mich selbst nicht ausgenommen. Wenn überhaupt, dann nennt man derlei vielleicht lieber Meditation. Das ist ja auch etwas Verwandtes, und ist sicher nicht unnütz, es stärkt die Seele. Aber da bleibe ich abgeschlossen bei mir selbst, das ist kein Gebet. Im Gebet rede ich Gott an als ein

Gegenüber, da versuche ich, mich zu öffnen, da setze ich darauf, dass es einer gut meint mit mir, mit uns - was auch immer los sein mag an Unglück, an Not – oder auch an Freude und Glück.

Nur eben: Beim Beten gibt es Schwierigkeiten: Im Grunde ist das doch ein höchst einseitiges Gespräch. Ich versuche es zwar, immer wieder. Aber dann auch mal wieder lieber nicht. Denn es ist ja wirklich nicht einfach, mit einem zu reden, der schweigt. Da kommt keine Antwort. Das Beten hilft manchmal, manchmal auch nicht, und wenn, dann auch mal ganz anders, als ich möchte und will. Manchmal hindert mich auch, dass ich mir nicht vorstellen kann, dass da überhaupt so etwas ist wie ein Du, eine Person, die antworten könnte. Wo soll der oder die denn sein, wie soll er oder sie existieren. Gasförmiges Wirbeltier – oder die ebenso dummerhaftige Auskunft, dass die Sputniks es da oben leer gefunden haben - all diese Schnäcke sagen ja nichts, sie redeten vielleicht eher von einer versteckten Enttäuschung, selbst wenn das alles immer so triumphierend spöttisch daherkam damals.

Aber noch in einem tieferen Sinn macht Gottes Schweigen mir das Beten schwer. Er schweigt offenbar zu den Kindern, die verhungern, zu den Frauen, die vergewaltigt werden, zu den Flüchtlingen, die ertrinken; er schweigt zu den Kriegstreibern und Blutsaugern. *Wie* ist in den Jahrhunderten der Kirche und auch vorher zu Gott und den Göttern gebetet worden, und *was ist* in der gleichen Zeit an blutigen Kriegen, an Verbrechen und Quälereien geschehen, auch in der Kirche, und was ist auch an menschenvernichtenden Hungersnöten und Natur-katastrophen geschehen – offenbar lässt Gott sich von unseren Gebeten eben nicht beknien, er lässt das alles zu - oder sollte nicht genug gebetet worden sein? Oder auch falsch? Aber was ist da richtig oder falsch, wenn es mir auf der Seele brennt? So kann das doch alles nicht sein.

Ich bin allerdings trotzig, ich versuche trotzdem zu beten, allerdings manchmal über lange Zeit nicht selbst, sondern nur mit anderen zusammen, also jetzt hier im Gottesdienst. Da lasse ich mich dann einfach auch mitnehmen. Da gibt es eine geprägte Tradition, aus der sprechen die Erfahrungen vieler Generationen von Betern, die können doch nicht einfach falsch gelegen haben, und ich merke, das hilft nicht nur mir, sondern auch den anderen, und das tut erstmal einfach gut, zusammen zu singen und zu beten. Und da gibt es auch die Erfahrung der Fürbitte, wenn ich mich an der Fürbitte für andere beteiligen kann, dann schafft das eine unglaubliche Verbundenheit. Ich vertraue andere Menschen, ferne und nahe, Gott an. Ich vertraue ihr Tun und ihr Ergehen, ihre Kämpfe und Leiden dem Frieden und dem Segen Gottes an, und da sind die Zweifel, ob das überhaupt so gehen kann, erstmal gar nicht vordringlich.

Und so komme ich dann auch mit der biblischen Überlieferung, mit dem Jahrtausende alten Gebetbuch der Bibel zusammen, mit den Psalmen. *Wie* fest vertrauen diese Psalmgebete auf Gott und seine Hilfe, und sie loben und danken ihm dafür. Aber auch: Wie schreien diese Beter um Hilfe und Rettung! Ja mehr, wie klagen viele Psalmen Gott an, dass er schweigt, und sich nicht rührt. *Wie* wird da gefragt, bin denn ich schuld, ich mit meinen Sünden und Verfehlungen? Oder was ist es denn – ja, ich schreie um Vergebung und Gnade. Oder ist alles doch nur Zufall? Oder ist

Gott ein böser, schlimmer Moloch? Vertraue ich die Menschen für die ich bete, also dem Nichts an, also verlasse ich sie?

Da wird in der Bibel und durch die Bibel der tiefe Zweifel am Sinn des Betens noch tiefer aufgerührt: Die Bibel verunsichert mich damit mindestens so sehr, wie es die Zustände dieser Welt tun. Eine Theologin sagte sarkastisch: Die Bibel ist voller Geschichten, dass Gott seine Leute gerade nicht vor dem Bösen bewahrt. Der Gott Israels scheint die Bosheit der Welt überwinden zu wollen, indem er seine Leute mitten in sie hineinschickt, um sich dort zu bewähren. "Oft habe ich das Gefühl, dass der an Gott adressierte Schrei um Heilung und Gerechtigkeit einfach als Auftrag zurückkommt, dass wir die Suppe auslöffeln sollen" (Klara Butting).

Moment - Auftrag? Wir Beauftragte? Wir sollen Beauftragte sein? Wenn wir uns als Beauftragte sehen sollten, kommt man dann vielleicht auch hinter den Sinn des Worts, dass wir im Namen Jesu beten, bitten, loben und danken sollen? Vielleicht sind wir Beauftragte, und das eben trotz allem? Und zwar im *Namen* Jesu Christi? An seiner Stelle? Wir - „im Auftrag"?

In antiken Sprachen und Kulturen hatte der *Name* ja eine tiefe, umfassende Bedeutung. Wir heute suchen die Namen unserer Kinder eher aus nach dem Klang, vielleicht noch nach Menschen als Erinnerung oder als gewünschte Vorbilder. Vielleicht auch nur nach der Mode. Damals aber drückte der Name einen Wunsch, ein Lebenskonzept aus, die Hoffnung, das Angesicht, ja die Gegenwart eines Menschen, und zwar als gegenwärtige Macht und Wirklichkeit. Ein Gebet im

Namen Jesu bedeutete also, dass man sich mit diesem Gebet *einließ* auf Jesus und auf seine Botschaft für die Welt, sich einließ und sich *verließ* auf sein Lebenskonzept, auf seine Botschaft. So wie wir im Vaterunser beten "Dein Reich komme", so beten wir im Namen und also mit der Hoffnung und mit dem Lebenskonzept Jesu, weil wir ihm glauben wollen, dass dies sein Reich in ihm schon da ist. Weil wir selbst angewiesen sind für unser Leben auf die Gerechtigkeit der Liebe Gottes, dass *sie* "fließe wie Wasser" und nicht die ausbeuterischen und friedlosen Mächte dieser Welt ihr Gewalt-Recht setzen nach ihrer Willkür. Und wir beten im Namen Jesu, weil wir uns dessen bewusst werden wollen, dass die Welt auf Gottes Reich, auf Jesus und auf unser Gebet und unser Tun in seinem Namen angewiesen ist. Auf dass *nicht* Resignation herrscht, "weil ja doch alles nichts nützt", sondern auf dass wir Jesu Hoffnung und Lebensmut in diese Welt hineintragen - trotz alledem.

So zu bitten, das heißt auch offen zu werden, nicht abgeschlossen in uns selbst, es heißt nehmen zu können, *annehmen* zu können, bereit sein dazu. Dann kann es geschehen, dass wieder Sinn und Freude und Schwung und Kraft in unser Leben kommt. Dass unsere Seele "entstaubt" wird, wie einmal jemand sagte. Und wir uns damit auch einreihen in die Generationen von Betern, die genau diese Erfahrung vor uns auch gemacht und uns nun weitergegeben haben. Ja, das Gebet im Namen Jesu ist keine tote Formel, wahrlich nicht! Sondern die lebendige und lebendig machende, vollmächtige Erinnerung daran, wohin wir gehören. Ein Auftrag, ja.

Ich sagte vorhin, ich bin trotzig und ich bete je und dann – trotz alledem. Ja, ich weiß alles, was dagegen spricht, aber ich tue es trotzdem. Ich rede zu einem Du, von dem ich nicht weiß, wie es aussieht – und das meist schweigt. Aber da die Bibel so realistisch ist wie jeder Realist von heute, versuche ich, ihr auch in dem zu vertrauen, was sie an Rat und Hilfe enthält. Ein großer Trostsatz steht im Römerbrief zum Beispiel: "Wir wissen nicht was wir beten sollen, wie sich's gebührt. Aber der Geist selbst vertritt uns mit unaussprechlichem Seufzen" – ein faszinierender Gedanke (ich höre ihn mit der Musik Bachs): also Gott selbst leidet und vertritt uns, wenn wir nicht weiter wissen? Wir sind also nicht allein mit unserem Beten? Jedenfalls: Hier im Gottesdienst oder im Lesen der Bibel werden wir erinnert, was geht und was gilt – trotz und trotz alledem.

Noch eins vielleicht: Eine Hilfe kann es sein, sich das Beten zur Regel zu machen. Ein Theologe (Fulbert Steffensky) sagte: "Ich glaube, dass man auf Dauer nur beten kann, wenn man sich Beten zur Sitte macht. Zur Regelmäßigkeit. Das konnten unsere Vorfahren und haben sich daran gehalten, - sie wussten wohl, warum." Und er setzte hinzu: "Dabei ist Pünktlichkeit wichtiger, als tiefe innere Erleuchtung." Beten eine Sitte, eine Regel, Pünktlichkeit – auch ein faszinierender nüchterner Gedanke..

Also ich will es mal wieder versuchen, vielleicht mehr als bisher.

AMEN

Die Ausländerin
Dietrich Bonhoeffer-Kirche Kiel-Schilksee, 1.08.2010

Matthäus 15, 21-28:
Und Jesus ging fort von Galiläa und entwich in die Gegend von Tyrus und Sidon. Und siehe, eine kanaanäische Frau aus jener Gegend kam, schrie ihm nach und sprach: Ach Herr, du Sohn Davids, erbarme dich über mich! Meine Tochter wird von einem bösen Geist übel geplagt. Und er antwortete ihr kein Wort. Da traten seine Jünger zu ihm, baten ihn und sprachen: Lass sie doch von dir, denn sie schreit uns nach. Er antwortete aber und sprach: Ich bin nur gesandt zu den verlorenen Schafen vom Haus Israel. Sie kam aber und fiel vor ihm nieder und sprach: Herr hilf mir! Aber er antwortete und sprach: Es ist nicht fein, dass man den Kindern das Brot nehme und werfe es vor die Hunde. Sie sprach: Ja Herr; doch essen die Hunde von den Brosamen, die von ihrer Herren Tische fallen. Da antwortete Jesus und sprach zu ihr: O Frau, dein Glaube ist groß. Dir geschehe, wie du willst! Und ihre Tochter wurde zu der selben Stunde gesund.

Liebe Gemeinde,

es wird erzählt, dass Martin Luther diese Geschichte von der kanaanäischen Frau sehr geliebt hat. Das kann ich gut verstehen. Es gibt wenige Texte im Neuen Testament, die uns wenigstens einen kurzen Blick auf Jesus als Menschen erlauben. Fromme Phantasie und kirchliches Dogma hat die Erinnerung an ihn hier offenbar nicht übermalt. Was da von Jesus erzählt wird, wäre dafür auch ungeeignet. Denn diese Geschichte zeigt Jesus als Menschen mit Grenzen, mit Fehlern, ja geradezu mit Scheuklappen. Das erwartet man bei dem Messias und Sohn Gottes eigentlich nicht.

Die Erzählung beginnt damit, dass Jesus sich gar nicht in Israel oder Galiläa aufhält. Er hat sich nach Norden in den Libanon zurückgezogen. Tyrus und Sidon sind alte phönizische Hafenstädte, weit außerhalb Israels. Vielleicht ist er den stressigen Anfeindungen in Israel für eine Zeit ausgewichen. Oder er wollte Ruhe haben, einmal unerkannt bleiben, Ferien haben, Zeit zum Nachdenken. Man kann dies und das vermuten, aber wir wissen es nicht. Was wir aber wissen: Wo er sich jetzt aufhält, das ist von den Frommen in Israel aus gesehen, heidnisches Land, kanaanäisches Land. "Kanaanäisch", das war für diese Frommen zur Zeit Jesu ein Schimpfwort, eine Bezeichnung für das fremde, unreine, heidnische, primitive Ausland – gewissermaßen schmierig erschienen ihnen die Menschen da, sie rochen schlecht, würde man heute vielleicht sagen. Jedenfalls „mit denen" hatte ein treuer Israelit jede Berührung zu vermeiden. Vielleicht gerade gut, um sich eine Weile dort zu verstecken. Da vermutete man Jesus wohl eher nicht.

Aber er bleibt auch in dem fremden Land nicht unerkannt. Da rennt plötzlich eine Frau schreiend hinter der Menschengruppe um Jesus her, identifiziert ihn laut und öffentlich: „Herr, Sohn Davids, hilf mir." Und zu allem ausgerechnet auch noch eine Frau, die hatte doch in der Öffentlichkeit damals absolut nicht laut zu sein. Peinlich!

Und Jesus schweigt auch erst mal vornehm, tut gar nichts. Da versuchen nun seine Begleiter die Frau abzublocken, um Jesus vor Berührung und Unreinheit zu beschützen, auch um Skandal zu vermeiden. Und sie fordern ihn auf, was zu tun - schick sie weg, diese Frau, sie schreit uns nach. Aber Jesus tut immer noch nichts. Hört er zu? Denkt er nach? Schließlich sagt er immerhin einen Satz: „Ich bin nur gesandt zu den verlorenen Schafen vom Haus Israel". Das heißt, regt euch ab. Lassen wir sie schreien. Bin nicht zuständig. Er lässt die Not dieser Frau an sich abtropfen. Mit einem korrekten theologischen Argument auch noch. Jesus kehrt den strengen Israeliten heraus, ganz elitär, ganz steil. Oder so scharf, weil bereits verunsichert?

Aber diese Frau ist nicht von Pappe. Sie lässt nicht nach, sie drängelt sich sogar durch, wirft sich vor Jesus hin und bittet, fleht weiter um Hilfe. Sie riskiert den Skandal. - Aber kaum zu glauben: Jesus bleibt bei seinem Standpunkt, zwar redet er jetzt wenigstens mit der Frau – oder genauer: er redet *zu* ihr. Aber *wie* redet er denn? „Es ist nicht fein, es gehört sich nicht, den Kindern das Brot zu nehmen und es den Hunden vorzuwerfen". Das klingt erstmal fast wie Ekel. Aber es ist zu allem auch noch eine ziemliche Portion religiöser Arroganz. Jesus bedient sich der unter damaligen Israeliten üblichen abfälligen Vokabel – Heiden sind Hunde gegenüber den von Gott erwählten Kindern Israels. Weg mit dir! Untern Tisch, nicht an den Tisch! Und das sagt Jesus zu einem Menschen, zu einer Frau, die um Hilfe schreit. Irgendwie nicht zu fassen, wie Jesus sich verhält.

Aber nun hat er sein Gegenüber offenbar endgültig unterschätzt. Die Frau macht ein Wortspiel aus der Abfuhr, sie vervollständigt das Bild sozusagen von unten her, aus der Perspektive der Hunde. Sie nimmt Jesus beim Wort - „ja ja, schon recht, aber die Hunde leben doch, sie leben von dem, was von den Tischen der Herren herunterfällt, es gibt sie doch!" Und zugleich verhält sie sich wie ein Hund: Sie lässt einfach nicht locker, knurrend, schreiend, argumentierend. Sie nimmt in Anspruch, dass da Hilfe ist bei Jesus, sie nimmt in Anspruch, dass sie dazugehört - in welcher Stellung auch immer, das ist ihr egal. Da ist Hilfe, da ist das Heil auch für sie, daran hält sie fest und lässt sich durch keine Demütigung und Abweisung davon abbringen.

Nun reagiert Jesus - endlich! - die Situation kippt, die Frau hat Jesus offenbar einen Schock versetzt, einen positiven Schock, Jesus ist beeindruckt. Jetzt sieht er, und begreift: „Frau, dein Glaube ist groß. Dir geschehe, wie du willst". Und dann wird auch die Tochter gesund, es geschieht also ein Wunder, eine Heilung. Aber das wird nur noch beiläufig erwähnt. Viel wichtiger ist dieser Geschichte, was vorher geschehen ist. Das ist das eigentliche Wunder. Sonst wäre es nicht so ausführlich und so dramatisch erzählt und uns überliefert worden.

Die Geschichte zeigt, dass Jesus von Nazareth, den wir unseren Herrn nennen, den wir Messias und Gottes Sohn glauben, als unseren Erlöser, dass dieser Jesus ein wirklicher Mensch war. Anfangs offenbar ein Mensch mit Scheuklappen, engstirnig und traditionsgebunden. Aber er war lernfähig, er hat gelernt. Er war also kein wandelndes göttliches Standbild, er ist nicht fertig vom Himmel gefallen. Dieser Mensch war auch kein knochiger Dogmatiker, sondern ein Mensch aus Fleisch und Blut, der Fehler machte, aber der auch in der Lage war, aus seinen Fehlern zu lernen. Er war neugierig. Er hatte Augen im Kopf und ein Herz in der Brust. Er konnte sich bewegen, er konnte sich verändern. Er konnte sich sogar von einer Frau belehren lassen, er, der Mann. Das war damals erst recht etwas ungewöhnliches. Aber auch darum ist Jesus unser Vorbild und Erlöser. Alles ist wichtig an dieser Geschichte.

Denn diese Frau hat Jesus klargemacht, dass seine Botschaft eben gar nicht nur „den verlorenen Schafen des Hauses Israel" galt, sondern auch den Heiden – uns Heiden, muss man ja sagen. Sie hat Jesus dazu gebracht zu begreifen, dass die Grenzen seiner Religion, seiner Tradition, die er bis dahin offenbar selbst streng eingehalten hat, dass das falsche Grenzen waren, dass sie zu durchbrechen waren, um der Liebe Gottes zu uns und zu seiner Welt willen, damit dieser heilsame Gotteswille nicht verraten wird, sondern durchbricht, bis hin zu uns - und Jesus hat diese Grenzen durchbrochen, das ist das eigentliche große Wunder seines Lebens, mit dem ganzen Einsatz seines Lebens, gegen alles Unverständnis, gegen alle Feindschaft an, bis zum Kreuz, sonst gäbe es uns als Christen heute nicht. Wir sind ja Heidenchristen, wir sind auch Kanaanäerinnen und Kanaanäer, wir säßen gar nicht hier in der Kirche, wenn Jesus von dieser Frau nicht gelernt hätte.

Auch der Apostel Paulus hat das begriffen, er hat dann die gleichen religiösen Bindungen, die er vorher so engagiert und aggressiv vertrat, sogar "für Dreck", für Mist erachtet (Phil 3,8). Scheiße gebaut hatte er bis dahin, würde man heute sagen, Paulus drückt das in seiner griechischen Sprache genau so grob und deutlich aus. Seine Tradition - wenn er sie so beibehalten hätte, wie vorher, dann wäre sie tot geblieben. Der Glaube aber, der macht lebendig, der macht auch diese

Tradition lebendig und hat sie weit über ihre ursprünglichen Grenzen hinaus erweitert. Das hat Paulus begriffen und verkündigt.

Ob die kanaanäische Frau damals begriffen hat, dass Jesus für Gott steht, dass Jesus Gottes Willen auf dieser Erde verwirklichen will? Das wissen wir nicht. Aber *wir* können begreifen, dass das, was Gott will, Leben ist. Das ist Güte, das ist Glück, das ist Frieden, das ist Liebe, das ist Segen. Das ist die Verkündigung, durchs Alte Testament über die Gebote bis hin zu Jesu Bergpredigt, immer wieder. Bewusst oder nicht, darauf nagelt die Frau Jesus nun sozusagen fest, und es kümmert sie einfach nicht, ob dieser Jesus nun Israelit oder sonst etwas ist. Es kümmert sie nicht, dass es da bisher nationale Grenzen gibt, die überschreitet sie gegen alle Tradition, auch gegen ihre eigene vielleicht. Es kümmert sie nicht, dass dieser Jesus ein Mann ist, und sie nur eine Frau, sie überschreitet auch die Grenzen der Sitte und Kultur. In der Geschichte dieser Frau steckt auch drin, was im Alten Testament so märchenhaft eindrucksvoll und wuchtig von dem alten Erzvater Jakob am Jabbok-Fluss erzählt wird, der mit einem Engel kämpft und ihn nicht loslässt: „Ich lasse dich nicht los, wenn du mich nicht segnest – ich lasse dich nicht, du segnest mich denn". Genauso diese Frau. Sie bleibt dran, und wir sagen jetzt, sie nimmt also Gott beim Wort: „Dein Wille ist doch Leben, dann *tu* doch deinen Willen, setz ihn durch, Gott, ich lass dich nicht los". Damit hat sie uns gezeigt, was Glaube ist – und Jesus nimmt sie ernst und bestätigt sie. Nochmal: Er tut das entgegen seiner bisherigen Tradition, so wie es nach ihm und in Jesu Vollmacht dann auch sein Apostel Paulus getan hat.

Ich denke, wir sollten darüber nachdenken, wie wir mit

unserer, heute nun christlichen Tradition umgehen. Das ist nun auch eine Tradition geworden, hart zu Zeiten und mächtig, öfter war sie sogar blutig. Wir erleben heute vor allem, dass sie von vielen einfach nicht mehr verstanden wird. Wir erleben, dass sie von manchen mit Füßen getreten wird. Wir erleben umgekehrt auch, dass manche sie hochhalten und sich hinter ihre Grenzen zurückziehen möchten. So sehr Fromme gibt es auch bei uns. Ja, Tradition ist wirklich kostbar, sie kann Heimat sein, aber es gibt auch die Gefahr ihrer Verknöcherung, ihrer Verhärtung. Dann zeigt sie nur Grenze und Mauer nach außen und ist überhaupt nicht mehr einladend. Da wird alles schwierig. Und Traditionen aufzugeben oder wenigstens zu ändern, ist manchmal auch schmerzlich. Aber es gibt ein Kriterium im Umgang mit unseren christlichen Traditionen, das helfen kann: Sind unsere Formen, ist unser Leben, ist unsere Kirche mit ihren Formen und Aktivitäten durchsichtig auf Gottes Liebe und Güte hin? Nimmt unsere Tradition Gott noch beim Wort, nehmen wir ihn beim Wort? Ja, nehmen *wir* Gott beim Wort, so wie die Kanaanäerin? Ist unsere christliche Tradition lebendig, macht sie lebendig? Auch über hart gewordene Grenzen hinweg? Auch über die Grenzen unserer Angst und Sorge hinweg? Durchdringt sie sie? Wie ist es heute mit der Frage nach muslimischen Erzieherinnen in unseren Kindergärten – nur ein Beispiel unter vielen anderen - zum Weiterdenken…

Liebe Gemeinde, es kann sehr wohl sein, dass die kanaanäische Frau es war, die Jesus dazu brachte, die Botschaft der Liebe Gottes und seinen eigenen Weg noch einen weiteren Schritt tiefer zu begreifen. Vielleicht gab es auch noch mehr und andere

148

Menschen, die Jesus zeigten, was not tat, was Gott mit uns und von uns will. Die Liebe und Gerechtigkeit Gottes, die Jesus von Nazareth in seinem Leben und Sterben verkündet und verwirklicht hat, die macht ihn mit Recht zu unserem Heiland, zum Heiland der Kirche und dieser Welt, der ganzen Welt, nicht nur unserer kleinen Welt. Ihm zu glauben, ihm nachzuspüren und nachzufolgen und nicht loszulassen, das lohnt sich. Es ist vermutlich das einzige in dieser Welt, was sich wirklich lohnt.

AMEN